日本語能力試験
レベルアップトレーニング
文法

坂本 勝信

本試験と同形式の問題を解きながら
文法力レベルアップ

N1

定着トレーニング

文法整理

弱点チェック

アルク
www.alc.co.jp

はじめに

　日本語能力試験は、日本語による「課題遂行のための言語コミュニケーション能力」を測ることを重視した試験です。この能力は、言語知識と、その知識を利用して「課題」を遂行する能力の二つからなります。文法は、文字・語彙とともに、「言語知識」に区分されます。

　文法問題で得点を上げるためには、文法についての正確な知識を持つことはもちろんですが、その知識を実際に使って、実生活につながるさまざまな課題を遂行する能力をも鍛えることが大切です。本書には、本試験と同じ形式の問題を解きながら知識・ポイントを整理するとともに、実際の運用力や解答力を養う応用問題も多数収録してあります。

　本試験では、文法の知識は、一文レベルと、一文を超えたレベルの二つの観点から捉えて、測定されます。具体的には、「文の文法1（文法形式の判断）」「文の文法2（文の組み立て）」「文章の文法」で構成されます。「文の文法1（文法形式の判断）」は、「文の内容に合った文法形式かどうかを判断することができるかを問う」ことを目的とした大問で、問題形式は一文レベルの空所補充形式になっています。「文の文法2（文の組み立て）」は、「統語的に正しく、かつ意味の通る文を組み立てることができるかを問う」ことを目的とした大問で、問題形式は一文レベルの並べ替え形式になっています。「文章の文法」は、「文章の流れに合った文かどうかを判断することができるかを問う」ことをねらいとした大問で、問題形式として一文を超えたレベルの空所補充形式になっています。

　本書では、「文の文法1（文法形式の判断）」「文の文法2（文の組み立て）」は、本試験と同形式の問題を数多く用意してあります。また、「文章の文法」についても、「使えるようになろう」の「書き換えよう」で、一文を超えた文章にあたることで、文章の流れをつかみながら読む訓練ができるようになっています。

　ユニットは9つあり、各ユニットの最初に、力を試す問題があります。答え合わせをして、何ができて何を間違えたか、自分が苦手とする文法が何かを確認します。その上で解説を何度も読み、苦手な文法を確実に理解します。次に、その文法が運用できるようになるための「使えるようになろう」（書き換えよう／自分を表現しよう／こんな時どう言う？（ロールプレイ）／練習しよう）に取り組みます。3ユニットごとに設けた「確認問題」では、学習の定着度合いを測り、N1文法について理解を深めます。

　日本語能力試験N1受験を考えている学習者の皆さんが、本書で学習することによって、文法をより理解し、課題遂行のための言語コミュニケーション能力を身につけていただければ、幸いです。

2012年6月

坂本　勝信

Preface

The Japanese-Language Proficiency Test places importance on measuring language communication skills in order to accomplish tasks in Japanese. These can be divided into two separate skills which are language knowledge and using this knowledge in practical communication. Grammar is divided into characters, vocabulary and language knowledge.

In order to improve your score in the grammar part of the Test, it is, of course, important to have an accurate knowledge of grammar but it is also important to use this knowledge to hone your skills in order to accomplish various tasks in real life situations. This book allows you to work through exercises that have the same format as the Test as well as organizing knowledge and points and it is compiled of many practical exercises that actually cultivate your answering skills both for the Test and for application in practice.

The Test measures grammatical knowledge on two levels: grammar in one sentence and grammar in more than one sentence. Specifically, this is composed of 「文の文法１（文法形式の判断）」(Sentential Grammar 1 (Selecting Grammatical Form)),「文の文法２（文の組み立て）」(Sentential Grammar 2 (Sentence Composition)) and「文章の文法」(Text Grammar).「文の文法１（文法形式の判断）」(Sentential Grammar 1 (Selecting Grammatical Form)) includes exercises with the purpose of checking whether you can select the grammatical form that matches the contents of the sentence and the question format is filling in the blanks in a sentence.「文の文法２（文の組み立て）」(Sentential Grammar 2 (Sentence Composition)) includes exercises with the purpose of checking whether you can compose a syntactically correct sentence that makes sense and the question format is rearranging a sentence.「文章の文法」(Text Grammar) includes exercises with the aim of checking whether you can decide if a sentence is in keeping with the flow of the text and the question format is filling in the blanks in a text with more than one sentence.

This book offers many exercises in the same format as the actual Test in「文の文法１（文法形式の判断）」(Sentential Grammar 1 (Selecting Grammatical Form)) and「文の文法２（文の組み立て）」(Sentential Grammar 2 (Sentence Composition)). In addition, this book provides「文章の文法」(Text Grammar) reading training for understanding the flow of a text containing more than one sentence using「書き換えよう」(Re-write) in「使えるようになろう」(Master this).

There are 9 units each of which begins with questions that test your strengths. Answer the questions and check your answers to see what you understand, what you don't understand, what mistakes you make and your grammatical weak points. Furthermore, you can read the explanations as many times as you wish in order to completely understand your grammatical weak points. After that, you work on「使えるようになろう」（書き換えよう／自分を表現しよう／こんな時どう言う？（ロールプレイ）／練習しよう）(Master this (Re-write/Talk about Yourself/What do you say in this situation? (Role Play)/Practice)) in order to practice the grammatical patterns.

There are「確認問題」(Confirmation Exercises) every 3 units that measure how much you have learned and further your understanding of N1 grammar.I hope that readers who are considering taking the N1 Japanese-Language Proficiency Test will use this book to better understand grammar and to obtain language communication skills in order to accomplish tasks.

June, 2012

Masanobu Sakamoto

前言

"日本语能力测试"着重考核的是，为完成某项课题所必需的语言沟通能力。这个能力，既包括对语言知识的掌握，还包括用所掌握的这些语言知识来解决实际课题的能力。语法与文字、词汇一起，构成"语言知识"。

要想在语法问题上提高成绩，除了掌握正确的语法知识，提高运用语法知识解决实际沟通问题的能力更加重要。

本书在解答与考试真题相同形式问题的同时，还对知识要点进行了整理，并大量收编了各类应用问题，以提高实际运用能力和解答能力。

日本语能力测试中对语法知识的考核，有对单个句子语法和多个句子语法两个方面的考核。具体而言，由「文の文法1（文法形式の判断）」(句子语法1（语法形式的判断）)「文の文法2（文の組み立て）」(句子语法2（句子的构成）)「文章の文法」(文章语法) 这三部分构成。「文の文法1（文法形式の判断）」(句子语法1（语法形式的判断）) 考核的是，"语法与句子内容相符与否的判断能力"。出题形式是句子填空。「文の文法2（文の組み立て）」(句子语法2（句子的构成）) 考核的是"能否全面正确地排列组成语意通达的句子"。出题形式是排出正确的句子语序。「文章の文法」(文章语法) 考核的是"句子与文章文脉相符与否的判断能力"。出题形式是短文填空。

关于「文の文法1（文法形式の判断）」(句子语法1（语法形式的判断）)「文の文法2（文の組み立て）」(句子语法2（句子的构成）)，本书收编了很多与考试真题形式相同的模拟问题。针对「文章の文法」(文章语法)，在「使えるようになろう」(学会应用) 中的「書き換えよう」(进行替换练习) 里，通过对文章的分析，达到一边把握文章的文脉，一边进行阅读练习的目的。

学习单元共有九个，在各单元最初都设置了模拟测验习题。通过核对答案，可以确认哪些是自己会做的、哪些是做错了的、哪些是比较薄弱的。通过反复阅读解说，进一步理解还较薄弱的语法项目。接着，为了实际运用语法，我们进入「使えるようになろう」(書き換えよう／自分を表現しよう／こんな時どう言う？（ロールプレイ）／練習しよう) (学会应用（进行替换练习／努力表达自我／这时该怎么说？（角色转换）／进行练习))。

在以每3个学习单元为单位设置的「確認問題」中，一方面检测掌握程度，一方面进一步理解Ｎ１的语法。

准备参加日本语能力测试（Ｎ１）的朋友，通过学习本书，如果您不但进一步地理解了语法知识，还掌握了完成课题所需要的语言沟通能力的话，这将是我最大的荣幸。

2012年6月

坂本胜信

머리말

　　일본어능력시험은 일본어를 구사하는 데 있어서의 <과제 수행을 위한 언어 커뮤니케이션 능력>의 측정을 중시한 시험입니다. 이 능력은 언어 지식과, 그 지식을 이용해서 <과제>를 수행하는 두가지 능력으로 이루어집니다. 문법은 문자·어휘와 함께 <언어 지식>으로 구분됩니다.

　　문법 문제에서 점수를 올리기 위해서는 문법에 관한 정확한 지식을 갖는 것은 물론, 그 지식을 실제로 사용하여 실생활로 이어지는 다양한 과제를 수행하는 능력을 키워나가는 것이 중요합니다. 이 책에는 실제 시험과 같은 형식의 문제를 풀어나가면서 지식과 포인트를 정리하는 것과 동시에, 실제적인 운용능력이나 해답을 구하는 힘을 키울 수 있는 응용 문제도 다수 수록되어 있습니다.

　　실제 시험의 문법 지식에서는 1문장 레벨과 1문장을 넘는 레벨의 두 가지 관점에서 측정되어 집니다.
구체적으로는「文の文法1（文法形式の判断）」<문장의 문법1 (문법 형식의 판단)>,「文の文法2（文の組み立て）」<문장의 문법2 (문장의 조립)>,「文章の文法」<문장의 문법>으로 구성됩니다.「文の文法1（文法形式の判断）」<문장의 문법1 (문법 형식의 판단)>은 <문장내용에 맞는 문법 형식인지 어떤지 판단할 수 있는가를 묻는다>는 것을 목적으로 한 문제로, 문제 형식은 1문장 레벨의 공란을 메우는 형식으로 되어 있습니다.「文の文法2（文の組み立て）」<문장의 문법2 (문장의 조립)>은 <통어적으로 정확한 동시에, 의미가 통하는 문장을 만들 수 있는지를 묻는다>는 것을 목적으로 한 문제로, 문제 형식은 1문장 레벨의 배열을 바꾸는 형식으로 되어 있습니다.「文章の文法」<문장의 문법>은 <문장의 흐름에 맞는 문장인지 어떤지 판단할 수 있는가를 묻는다>는 것을 목적으로 한 문제이며, 문제 형식으로서는 1문장을 넘는 레벨로, 공란을 메우는 형식으로 되어 있습니다.

　　이 책은「文の文法1（文法形式の判断）」<문장의 문법1 (문법 형식의 판단)>,「文の文法2（文の組み立て）」<문장의 문법2 (문장의 성립)>에 있어서, 실제 시험과 같은 형식의 문제를 다수 준비하였습니다. 또「文章の文法」<문장의 문법>에 관해서도「使えるようになろう」(사용할 수 있도록 하자) 의「書き換えよう」(바꾸어 써 보자) 에서 1문장을 넘는 문장을 접함으로써, 문장의 흐름을 파악하면서 읽는 훈련을 할 수 있도록 되어 있습니다.

　　단원은 9개로 구성되어 있으며, 각 단원의 서두에는 실력을 테스트하는 문제가 있습니다. 답을 맞추고 나서, 무엇이 맞았고 무엇이 틀렸는지, 자신이 잘 하지 못 하는 문법이 무엇인지를 확인합니다. 그리고 해설을 반복해 읽음으로써, 익숙하지 않은 문법을 확실히 이해할 수 있도록 합니다. 다음으로 그 문법을 잘 운용할 수 있도록 하기 위해서「使えるようになろう」(書き換えよう / 自分を表現しよう / こんな時どう言う？（ロールプレイ）/ 練習しよう）(<사용할 수 있도록 하자> (바꾸어 써 보자 / 자신을 표현하자 / 이럴 때 어떻게 말하지? (역할극) / 연습해보자))를 해 보도록 합시다.

　　3개 단원마다 준비된「確認問題」(확인 문제) 에서는 학습의 정착도를 고, N1문법에 대해서 이해를 높이도록 합니다.

　　일본어 능력 시험 N1수험을 생각하고 있는 학습자 여러분이 이 책을 통한 학습으로, 문법을 보다 이해하고, 과제 수행을 위한 언어 커뮤니케이션 능력을 익힐 수 있게 되기를 바랍니다.

2012년 6월

사카모토 마사노부

日本語能力試験の文法について（N1）

Japanese-Language Proficiency Test Grammar ／关于日本语能力测试的语法／일본어 능력 시험의 문법에 관해서

1．試験科目と試験時間
Test Subjects and Test Duration ／考试科目与考试时间／시험 과목과 시험시간

試験科目（試験時間）	
言語知識（文字・語彙・文法）・読解 （110分）	聴解 （60分）

2．得点区分と得点の範囲
Score Classifications and Ranges ／得分分类与得分范围／득점 구분과 득점의 범위

得点区分			総合得点
言語知識 （文字・語彙・文法） （0～60点）	読解 （0～60点）	聴解 （0～60点）	0～180点

3．問題の構成とねらい
Composition and Aim of Exercises ／试题构成与目标／문제의 구성과 의도

問題の構成		
大問	問題数	ねらい
文の文法1 （文法形式の判断）	10	文の内容に合った文法形式かどうかを判断することができるかを問う Check whether you can select the grammatical form that matches the contents of the sentence. 检测语法与句子内容相符与否的判断能力 문장 내용에 맞는 문법 형식인지 어떤지 판단할 수 있는가를 묻는다．
文の文法2 （文の組み立て）	5	統語的に正しく、かつ、意味が通る文を組み立てることができるかを問う Check whether you can compose a syntactically correct sentence that makes sense. 检测能否排列组成完整正确、语意通达的句子 통어적으로 맞는지 동시에 의미가 통하도록 문장을 성립시킬 수 있는지를 묻는다．
文章の文法	5	文章の流れに合った文かどうかを判断することができるかを問う Check whether you can decide if a sentence is in keeping with the flow of the text. 检测句子与文章文脉相符与否的判断能力 문장의 흐름에 어울리는 문장인지 어떤지 판단할 수 있는가를 묻는다．

4．問題の例
Examples of Exercises ／例题／문제의 예

〈文の文法1（文法形式の判断）〉

次の文の（　　）に入れるのに最もよいものを、1・2・3・4から一つ選びなさい。

例）先輩が後輩に厳しい練習をさせるのは、後輩にうまくなってほしいと思えば（　　　　）。

1　ものだ　　　　2　こそだ　　　　3　がちだ　　　　4　しまつだ

(正解：2)

〈文の文法２（文の組み立て）〉
次の文の　★　に入る最もよいものを、1・2・3・4から一つ選びなさい。
例）自分の＿＿＿　＿＿＿　★　＿＿＿とられると、憎らしくなる。
　　1　とはいえ　　　　2　態度を　　　　3　息子　　　　4　反抗的な
（正解：4）

〈文章の文法〉
次の文章を読んで、文章全体の内容を考えて、1　から　5　の中に入る最もよいものを1・2・3・4から一つ選びなさい。

　本に書いてない知識というものがある。ただ、すこし教育を受けた人間は、そのことを忘れて何でも本に書いてあると思いがちだ。本に書いてなくて有用なこと、生活の中で見つけ出すまでは、だれも教えてくれない知識がどれくらいあるか　1　。
　ごくつまらない例をあげる。
　長年、愛用していた旅行かばんが、疲れてきた。自分では一向に気にしないで、　2　いっそうの愛着すら感じていた。ところが、まわりがうるさい。見っともないから買いかえろ、と言うのである。しかし、どうもこれを廃物にしてしまうのに忍びない。何とか救う手はないものか。
　そこでふと、思いついた。靴でもときどき磨く。同じ革製品なのに、かばんをこれまで一度として　3　。これはいけない。そこで、よごれ落としのクリーナーという皮用クリームをぬってこすってみた。すると、どうだ。見違えるようにしゃんとする　4　。さんざん悪く言っていた連中も、それならまだまだすてたものではないと言い出した。
　考えてみるに、生まれてから何十年、ずいぶん革製品を使ってきたが、油をぬって磨かなくてはいけないのは靴だけのように思ってきた。そんなことを書いた本を見た覚えがない。学校はそういう知識を与えるのにはあまりにも多忙である。
　家庭は家庭で、革製品を使った伝統がない。油をぬらなければ革はすぐいたむと親は子に教えられないのである。それでどれだけのものが不当に早くすてられてきたこと　5　。（後略）
（外山滋比古『思考の生理学』ちくま文庫）

1　1　知っている　　2　知れない　　3　知れもしない　　4　知りつつある

2　1　むしろ　　2　あいにく　　3　せめて　　4　おかげで

3　1　磨くべきだった　　2　磨いたはずだ　　3　磨いたことがない　　4　磨けばよい

4　1　ではないか　　　　　　　　　　2　だろうか
　　3　まい　　　　　　　　　　　　4　のではないだろうか

5　1　ではないだろう　　2　である　　3　でもないか　　4　であろうか
（正解：1　2、2　1、3　3、4　1、5　4）

本書の使い方

本書は、以下のような構成になっています。よく読んで学習を進めましょう。

力試しテスト

能力試験と同じ形式の問題（文の文法1・2）を20問解いてみます。

↓

ポイントを整理しよう

各問題について、答え合わせをし、「ポイント」を読んで、理解を深めます。
特に、間違えた問題、わからなかった問題は、よく確認しておきましょう。

↓

使えるようになろう

「力試しテスト」に出てきた文法を運用できるように練習します。
実際に使ってみることで、理解がより深まります。

書き換えよう	自分を表現しよう	こんな時どう言う？ （ロールプレイ）	練習しよう
文章を読み、やさしい言葉で書かれた日本語をN1の文法に言い換える練習をします。「文章の文法」の勉強にも役立ちます。	あなた自身の体験や意見を与えられた文法を使って、表現します。	Aさん、Bさんになりきって、会話を作ります。その際、学習したN1文法を使います。	話しかけられたことにN1の文法を使って、すぐに答える練習です。

「使えるようになろう」正解・解答例・解説

各練習がどのくらいできたかを確認すると同時に、読んだ後、再度練習します。

↓

確認問題

3ユニットごとに50問ずつの問題が用意されているので、
文法をきちんと理解し、使えるようになったかをチェックします。

「確認問題」正解・解説

「確認問題」の答え合わせをしながら、解説を読み、理解を確実なものにします。

本書はN1の文法を中心に扱っていますが、N2、N3の文法も取り上げていますので、よく復習しましょう。

How to use this Book

This book is structured in the following manner. Read this carefully before starting the exercises.

力試しテスト
(Test your Strengths)
Try to answer the 20 questions (Sentential Grammar 1 and 2)
with the same format as the actual Test.

⬇

ポイントを整理しよう
(Work through Points)
Check your answer to each question, read「ポイント」and further your understanding.
In particular, carefully study「ポイント」for the questions that
you got wrong or that you didn't understand.

⬇

使えるようになろう
(Master this)
Practice grammar that came up in「力試しテスト」(Test your Strengths) so that you are able to employ it correctly. Understanding will increase even further by actually using the grammar.

書き換えよう	自分を表現しよう	こんな時どう言う？(ロールプレイ)	練習しよう
(Re-write) Read the text and practice rephrasing the easy grammar in N1 level Japanese. This is useful preparation for「文章の文法」(Text Grammar).	(Talk about Yourself) Talk about yourself using the grammatical forms provided to express your own experiences and opinions.	(What do you say in this situation? Role Playing) Become person A or B and create a conversation. Use the N1 grammar that you have learned.	(Practice) Practice immediate responses in conversation using N1 grammar.

「使えるようになろう」正解・解答例・解説
(Master this – Correct Answers/Example Answers/Explanations)
Check how well you have done in each practice exercise,
read the explanation and then re-do the exercise.

⬇

確認問題
(Confirmation Exercises)
There are 50 questions for each of the 3 units so that you can check whether
you properly understand the grammar and whether you are able to use it.

「確認問題」正解・解説
Check your answers to「確認問題」(Confirmation Exercises) and
read the explanations to make sure that you have understood the grammar correctly.

This book focuses on N1 grammar but also includes N2 and N3 grammar so this should also be reviewed carefully.

本书的使用方法

本书由以下几部分构成。请认真阅读后再开始学习。

力試しテスト
模拟测验
尝试解答与能力测试相同形式的模拟问题（文の文法 1・2），共 20 题。

↓

ポイントを整理しよう
整理要点
各问题均配有解答，通过认真阅读「ポイント」，来加深理解。
特别是对做错了的和还不太理解的问题，一定要仔细确认。

↓

使えるようになろう
学会应用
练习并学会运用在「力試しテスト」（模拟测验）中出现的语法。
通过实际应用，进一步加深对语法的理解。

書き換えよう	自分を表現しよう	こんな時どう言う？（ロールプレイ）	練習しよう
（进行替换练习）阅读文章，使用 N1 的语法替换文章中的简单表达，对「文章の文法」的学习也有帮助。	（努力表达自我）使用所提供的语法，表达自己的体会和意见。	（这时该怎么说？（角色转换））使用 N1 中学过的语法，逼真地扮演 A 和 B，进行会话练习。	（进行练习）使用 N1 语法，练习对所提及的话题迅速作出回答。

「使えるようになろう」正解・解答例・解説
"学会应用"的答案・解答例句・解说
在检查各练习题的掌握程度的同时，阅读解说后，再练习一次。

↓

確認問題
确认问题
每 3 个学习单元都提供了 50 道问题。认真理解语法，验证是否会应用。

「確認問題」正解・解説
"确认问题"的答案・解说
一边核对「確認問題」的答案，一边阅读解说，确保真正理解。

本书的着重点虽然是 N1 的语法，但也收编了一些 N2 和 N3 的语法，务必认真加以复习。

이 책의 사용 방법

이 책은 아래와 같이 구성되어 있습니다. 잘 읽고 학습하도록 합시다.

力試しテスト
(실전 시험 문제 테스트)

능력시험과 같은 형식의 20 문제를 풀어 봅니다.

⬇

ポイントを整理しよう
(포인트를 정리해 봅시다)

각 문제마다 정답을 맞추어 본 다음,「ポイント」를 읽고 이해하도록 합니다.
특히, 틀린 문제나 모르는 문제는 잘 확인해 둡시다.

⬇

使えるようになろう
(사용할 수 있도록 하자)

「力試しテスト」에 나온 문법을 운용할 수 있도록 연습합니다.
실제로 사용해 봄으로써 잘 이해할 수 있게 됩니다.

書き換えよう
(바꾸어 써 보자) 문장을 읽고, 쉬운 말로 쓰여진 일본어를 N 2 의 문법에 맞는 형태로 바꾸어 말하는 연습을 합니다. 「文章の文法」<문장의 문법>을 공부하는 데에도 도움이 됩니다.

自分を表現しよう
(자신을 표현하자) 자신의 체험이나 의견을 주어진 문법을 사용하여 표현합니다.

こんな時どう言う？(ロールプレイ)
(이럴 때 어떻게 말하지? 역할극) A 씨, B 씨의 역할을 맡아서 회화를 만듭니다. 이 때, 학습한 N 1 문법을 사용합니다.

練習しよう
(연습하자) 대화 내용에 맞게 N 2 의 문법을 사용하여, 즉시 대답하는 연습입니다.

「使えるようになろう」正解・解答例・解説
(< 사용할 수 있도록 하자 > 정답, 해답예, 해설)

각 연습을 통해 어느 정도까지 할 수 있게 되었는지 확인하는 동시에, 읽은 후, 다시 연습합니다.

⬇

確認問題
(확인 문제)

3 개 단원마다 50 문제씩 문제가 준비되어 있으므로, 문법을 확실히 이해하고, 사용할 수 있게 되었는지를 체크합니다.

「確認問題」正解・解説
(< 확인 문제 > 정답, 해설)

「確認問題」< 확인 문제 > 의 정답을 맞추어 보면서, 해설을 읽고, 이해를 확실하게 하도록 합니다.

이 책은 N 1 문법을 중심으로 다루고 있습니다만, N 2, N 3 의 문법도 다루고 있으니, 잘 복습합시다.

目　次

はじめに	2
日本語能力試験の文法について	6
本書の使い方	8

ユニット 1～3　　17

ユニット 1

力試しテスト …… 18

ポイントを整理しよう　正解・ポイント …… 20

- Aが最後、B
- Aにしろ、B
- Aにかわって、B
- Aこととて、B
- Aところで、B
- AならではのB
- AすらB
- Aなくして、B
- Aゆえに、B
- A次第、B

使えるようになろう …… 24

- 書き換えよう …… 24
- 自分を表現しよう …… 25
- こんな時どう言う？（ロールプレイ） …… 26
- 練習しよう …… 27
- 正解・解答例・解説 …… 29

ユニット 2

力試しテスト …… 32

ポイントを整理しよう　正解・ポイント …… 34

- Aをはじめ、B（N3）
- Aはおろか、Bも
- Aといったところだ
- Aともなると、B
- Aことから、B
- Aといえども、B
- AがBとあいまって、C
- Aがてら、B
- Aに足るB
- Aながら（も）、B

使えるようになろう …… 38

- 書き換えよう …… 38

自分を表現しよう	39
こんな時どう言う？（ロールプレイ）	40
練習しよう	41
正解・解答例・解説	43

ユニット3

力試しテスト … 46

ポイントを整理しよう　正解・ポイント … 48

Aものでもない	Aと（言わん）ばかりにB
Aはもとより、B	Aを禁じえない
Aを問わず、B（N2）	Aながらに(の)、B
ただAのみならず、B	Aまでもない
Aものだから（、B）（N2）	Aに至っては、B

使えるようになろう … 52

書き換えよう	52
自分を表現しよう	53
こんな時どう言う？（ロールプレイ）	54
練習しよう	55
正解・解答例・解説	57

ユニット1〜3 確認問題 … 60

正解・解説	64

ユニット4〜6　75

ユニット4

力試しテスト … 76

ポイントを整理しよう　正解・ポイント … 78

Aのではあるまいか	Aをふまえて、B
Aどころか、B（N2）	Aさえ、B（N3）
Aなりに、B	Aばかりに、B
Aからというもの、B（N2）	Aといったらない
Aかと思いきや、B	Aごとく、B

| | 使えるようになろう | ……… 82 |

　　　　　書き換えよう ……… 82
　　　　自分を表現しよう ……… 83
　こんな時どう言う？（ロールプレイ）……… 84
　　　　　　練習しよう ……… 85
　　　　正解・解答例・解説 ……… 87

ユニット5

| | 力試しテスト | ……… 90 |
| | ポイントを整理しよう | 正解・ポイント ……… 92 |

Aつつある（N2）　　　　Aたる者、B
AもBば、CもD　　　　Aをよそに、B
Aにすれば、B　　　　　Aまでも、B
Aの極み／至り　　　　　Aじゃあるまいし、B
AまじきB　　　　　　　Aから見ても、B

| | 使えるようになろう | ……… 96 |

　　　　　書き換えよう ……… 96
　　　　自分を表現しよう ……… 97
　こんな時どう言う？（ロールプレイ）……… 98
　　　　　　練習しよう ……… 99
　　　　正解・解答例・解説 ……… 101

ユニット6

| | 力試しテスト | ……… 104 |
| | ポイントを整理しよう | 正解・ポイント ……… 106 |

ひとりAのみならず、B　　Aべく、B
Aいかんによらず、B　　　A極まりない／極まる
Aとはいえ、B　　　　　　Aをもって、B
A次第だ　　　　　　　　　Aところを、B
弊A　　　　　　　　　　　AにかかわるB

| | 使えるようになろう | ……… 110 |

　　　　　書き換えよう ……… 110

	自分を表現しよう 111
	こんな時どう言う？（ロールプレイ） 112
	練習しよう 113
	正解・解答例・解説 115

ユニット4〜6 確認問題 118

正解・解説 122

ユニット7〜9　133

ユニット7

力試しテスト 134

ポイントを整理しよう　正解・ポイント 136

Aからある B
Aにかたくない
Aを余儀なくされる
Aとあって、B
Aを限りに、B

Aであれ、B
AにもBない
Aに即して、B
Aかたわら、B
Aずくめだ

使えるようになろう 140

書き換えよう 140
自分を表現しよう 141
こんな時どう言う？（ロールプレイ） 142
練習しよう 143
正解・解答例・解説 145

ユニット8

力試しテスト 148

ポイントを整理しよう　正解・ポイント 150

Aだに B
Aしまつだ
Aたりとも、B
Aことなしに、B
AあってのB

AではおかないAなり、B
A手前、B
Aきらいがある
Aにたえない

使えるようになろう	……………………… 154
書き換えよう	…………… 154
自分を表現しよう	…………… 155
こんな時どう言う？（ロールプレイ）	156
練習しよう	157
正解・解答例・解説	…………… 159

ユニット9

力試しテスト	……………………… 162
ポイントを整理しよう	正解・ポイント ……… 164

Aまみれ
Aにもまして、B
Aが早いか、B
Aばそれまでだ
AばBものを（N2）

Aんがために、B
AといいBといいC
Aにあって、B
Aめく
Aもさることながら、B

使えるようになろう	……………………… 168
書き換えよう	…………… 168
自分を表現しよう	…………… 169
こんな時どう言う？（ロールプレイ）	170
練習しよう	171
正解・解答例・解説	…………… 173

ユニット7〜9 確認問題	……………………… 176
正解・解説	……………………… 180

文法索引 ……………………………………………………… 190

日本語能力試験
レベルアップトレーニング
文法

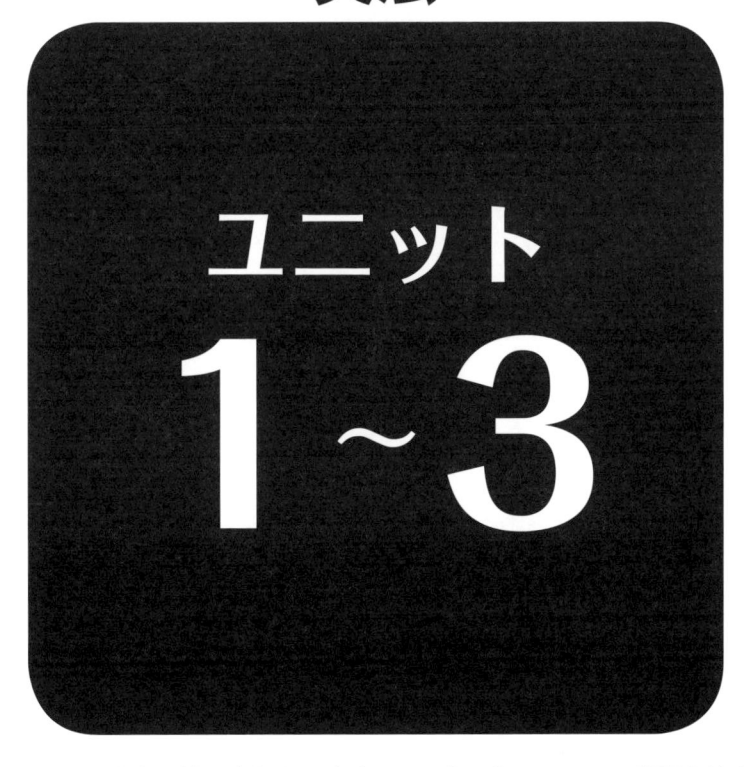

ユニット 1~3

8～11ページの「本書の使い方」をよく読んでから、各ユニットの学習を始めましょう。
Start the exercises in each unit after reading How to use this Book on pages 8 – 11.
请仔细阅读完从第 8 页到第 11 页的"本书的使用方法"之后，再进入到各单元的学习.
8 ～ 11p 의 < 이 책의 사용 방법 > 을 잘 읽은 다음 , 각 단원의 학습을 시작합시다 .

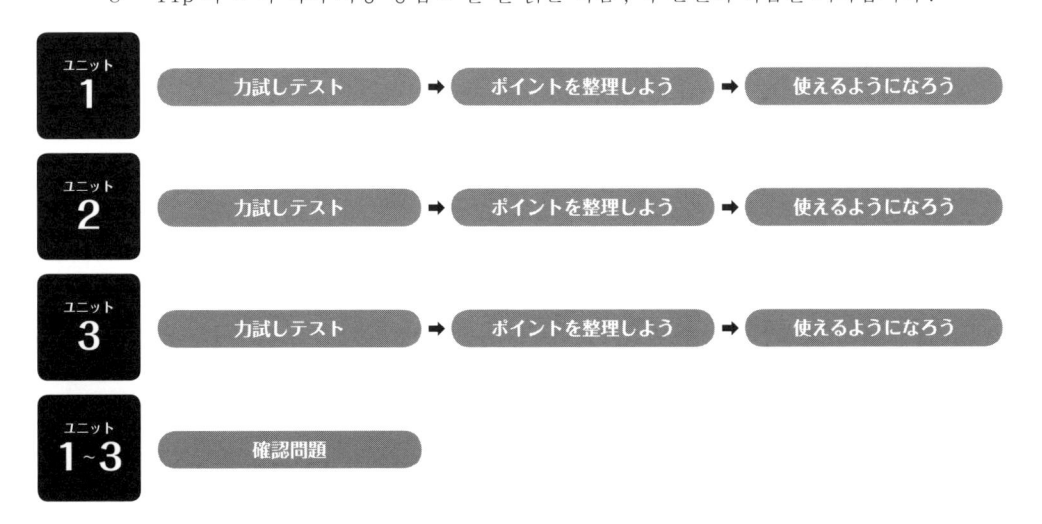

ユニット 1　力試しテスト ➡ ポイントを整理しよう ➡ 使えるようになろう

ユニット 2　力試しテスト ➡ ポイントを整理しよう ➡ 使えるようになろう

ユニット 3　力試しテスト ➡ ポイントを整理しよう ➡ 使えるようになろう

ユニット 1~3　確認問題

ユニット1 力試しテスト

□/100点

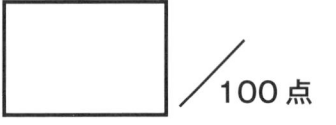

問題1　次の文の（　　）に入れるのに最もよいものを、1・2・3・4から一つ選びなさい。
（5点×14問＝70点）

（1）ペットのピースは、今までに何度も家から逃げ出したことがある。散歩の最中もひもから手を離した（　　　）、どこまででも走って行ってしまう。
　　1　ところで　　　2　が最後　　　3　といえども　　　4　ものの

（2）仕事から手が離せなかったと言うが、たとえ忙しかった（　　　）、電話ぐらいはできたはずだ。
　　1　にしろ　　　2　わけで　　　3　と思いきや　　　4　ゆえ

（3）産休でお休みになる橋口先生（　　　）、大学を卒業したばかりの山本先生が担任になった。
　　1　すら　　　2　ではあるまいし　　　3　ともなると　　　4　にかわって

（4）子供が知らずにやった（　　　）、あまり厳しく叱らないでやってほしい。
　　1　ところで　　　2　こととて　　　3　わりに　　　4　までもなく

（5）すでに大赤字であるから、1,000万円の援助が受けられた（　　　）、焼け石に水だ。
　　1　と思いきや　　　2　そばから　　　3　どころか　　　4　ところで

（6）田舎には、都会にはない田舎（　　　）楽しみ方がある。
　　1　にあって　　　2　ならではの　　　3　もさることながら　　　4　にたえる

（7）確かにスペイン料理のレストランへ行った記憶はかすかにあるのだが、その名前（　　　）思い出せない。
　　1　を限りに　　　2　すら　　　3　なしに　　　4　としたら

（8）子育ては、本当に手のかかるものである。愛情（　　　）、できることではない。
　　1　に至っては　　　2　はおろか　　　3　のおかげで　　　4　なくして

（9）昔は貧しさ（　　　）、学校に行けず、農作業を手伝う小学生が多かった。
　　1　にひきかえ　　　2　ゆえに　　　3　ときたら　　　4　に比べて

18

力試しテスト ➡ ポイントを整理しよう ➡ 使えるようになろう ➡ 確認問題

(10) 家に（　　　）、家族の意見を聞き、お返事させていただきます。
　1　戻り次第　　　2　戻りつつあり　　3　戻りかねて　　4　戻ればこそ

(11) 努力（　　　）、夢を叶えることはできない。
　1　なくして　　　2　次第で　　　　3　において　　　4　ならでは

(12) 人前でのスピーチは初めて（　　　）、頭が真っ白になり、何を話したのか覚えていない。
　1　と相まって　　2　にひきかえ　　3　のこととて　　4　でさえ

(13) 宿泊施設に到着（　　　）、研修を始めます。
　1　したばかりに　2　したせいで　　3　し次第　　　　4　するたびに

(14) 被災地に美容師のグループが行って、無料で洗髪したり、カットをしたりしたということだ。まさに美容師（　　　）仕事だ。
　1　ならではの　　2　まみれの　　　3　の末の　　　　4　に沿った

問題２　次の文の＿★＿に入る最もよいものを、１・２・３・４から一つ選びなさい。
(5点×6問＝30点)

(15) 交通事故に遭い、＿＿＿ ＿＿＿ ★ ＿＿＿自分で行くことができない。
　1　なってしまって　2　トイレに　　3　すら　　　　　4　寝たきりに

(16) どうせ＿＿＿ ＿＿＿ ＿＿＿ ★ マイナス思考では、何の解決にもつながらない。
　1　ところで　　　2　という　　　3　言った　　　　4　変わらない

(17) 父は酒癖が悪くて、困る。★ ＿＿＿ ＿＿＿ ＿＿＿絡み出す。
　1　見ず知らずの　2　酔っ払った　　3　が最後　　　　4　他人にも

(18) この宿題、誰か＿＿＿ ★ ＿＿＿ ＿＿＿？　難しくて、もう嫌になっちゃった。
　1　にかわって　　2　私　　　　　3　やって　　　　4　くれない

(19) 中学までは体が＿＿＿ ＿＿＿ ＿＿＿ ★ にわたって、学校を休んだ経験がある。
　1　長期　　　　　2　ゆえに　　　3　病気　　　　　4　弱く

(20) 子供がする＿＿＿ ＿＿＿ ★ ＿＿＿以降に走り回られたら、下の階の住人は迷惑だ。
　1　10時　　　　 2　こと　　　　3　にせよ　　　　4　夜

ユニット 1 ポイントを整理しよう

正解 下の解答で答え合わせをし、18ページの□に点数を書きましょう。

問題1
(1) 2　(2) 1　(3) 4　(4) 2　(5) 4　(6) 2　(7) 2
(8) 4　(9) 2　(10) 1　(11) 1　(12) 3　(13) 3　(14) 1

ポイント 下の表は、それぞれの問題を解くために必要な文法の解説です。間違えた問題や、理解していなかったと思う問題の□に✔を書き、解説を何度も読んで、理解しましょう。

問題	解説	
□ (1) □ (17)	**Aが最後、B**：もしAたら、終わりで、B（大変な結果） ＊Aは動詞の「た形」。 例）この山道は滑りやすいから、気をつけてください。足を滑らせたが最後、どこまででも落ちて行ってしまいますから。	
□ (2) □ (20)	**Aにしろ、B**：Aても（でも）、B ＊Aは動詞、イ形容詞の「普通形」、ナ形容詞「である」、名詞「である」。 ＊「Aにしろ、Bにしろ」と二つ並べて、使われることもある（例2）。 ＊「にせよ」「にしても」もほとんど同じ意味。 例1）どんなに愛しているにしろ、公共の場で抱き合うのはマナー違反ではないか。 例2）行くにしろ、行かないにしろ、幹事に連絡するようにします。	
□ (3) □ (18)	**Aにかわって、B**：Aの代理で、B ＊Aは名詞。 例）風邪で休んでいる上司にかわって、私が商談に行くことになった。	
□ (4) □ (12)	**Aこととて、B**：Aので、B ＊Aは動詞、イ形容詞の「普通形」、ナ形容詞「～な」、名詞「＋の」。 ＊非常にかたい表現。 例）3カ月も前のこととて、聞かれても、思い出せない。	
□ (5) □ (16)	**Aところで、B**：Aても、B ＊Aは動詞の「た形」。 ＊Bは悪い結果。 例）いじめを先生に相談したところで、事態は悪化するだけだから、黙っておいたほうがいい。	

力試しテスト ➡ ポイントを整理しよう ➡ 使えるようになろう ➡ 確認問題

問題2

(15) 2　交通事故に遭い、寝たきりに なってしまって ★トイレに すら自分で行くことができない。

(16) 2　どうせ言った ところで 変わらない ★というマイナス思考では、何の解決にもつながらない。

(17) 2　父は酒癖が悪くて、困る。★酔っ払った が最後 見ず知らずの 他人にも 絡み出す。

(18) 1　この宿題、誰か私 ★にかわって やって くれない？ 難しくて、もう嫌になっちゃった。

(19) 1　中学までは体が弱く 病気 ゆえに ★長期にわたって、学校を休んだ経験がある。

(20) 4　子供がすること にせよ ★夜 10 時以降に走り回られたら、下の階の住人は迷惑だ。

The table below explains the grammar required to answer the questions. Check the box for questions that you got wrong or those that you don't think you understood and read over the explanations a number of times to make sure you understand them.

下表是为解答各类语法问题所作的解释和说明。请在容易做错的问题或者尚未理解的问题前的小方框□内划上レ记号，然后反复阅读解说，直至理解。

아래의 표는 각각의 문제를 풀기 위해, 필요한 문법 해설입니다. 틀린 문제나 이해가 안 되는 문제는 □안에 レ라고 표시한 후에, 해설을 반복해서 읽고, 이해합시다.

Explanation	解说	해설
If A even once, B (disastrous result) *A is the –ta form of the verb.	如果A的话，最终导致B（严重的结果） * A使用动词的"た形"。	만약 A면, 결국에, B (심한 결과) * A는 동사의「た형」.
It doesn't matter whether A, B *A can be the plain form of a verb or an i-adjective, a na-adjective「である」or a noun「である」. *This is also used in the form「Aにしろ、Bにしろ」with A and B side by side (例2). *This has almost the same meaning as「にせよ」「にしても」.	就是A，也B *A使用动词、イ形容词的"普通形"、ナ形容词"である"、名词"である"。 * 有时并列使用「Aにしろ、Bにしろ」(例2)。 * 与「にせよ」「にしても」的意思基本一样。	A해도, B * A는 동사, イ형용사의「보통형」, ナ형용사「である」, 명사「である」. *「Aにしろ、Bにしろ」를 같이 사용하기도 한다 (例2). *「にせよ」「にしても」도 거의 같은 의미.
B instead of A *A is a noun.	代替A，B *A使用名词。	A를 대신하여, B * A는 명사.
Because of A, B *A can be the plain form of a verb or an i-adjective, a na-adjective「〜な」or a noun「＋の」. This is a very formal expression.	因为A，所以B *A使用动词、イ形容词的"普通形"、ナ形容词"〜な"、名词"＋の" * 口气非常生硬。	A기 때문에, B * A는 동사, イ형용사의「보통형」, ナ형용사「〜な」, 명사「＋の」. * 매우 딱딱한 표현.
Even if A, B *A is the –ta form of the verb. *B is a bad result.	即使A，也B *A使用动词的"た形"。 *B 为不良的结果。	A보았자 (봤자), B * A는 동사의「た형」. * B는 나쁜 결과.

☐ (6) ☐ (14)	**AならではのB**：A以外はできないB ＊AもBも名詞。 ＊「Aならではだ」という形もある（例2）。 例1）日本のどこを旅しても、その<u>土地ならではの</u>特産物や名物料理がある。 例2）川遊びや山歩きができるというのは、<u>田舎ならではだ</u>。	
☐ (7) ☐ (15)	**AすらB**：Aさえ(も)Bない ＊Aは名詞で、Bは動詞の否定がほとんど。 例）日本では、英語の教師として働き、すべて英語で生活していたため、簡単な日本語の<u>会話すら</u>できない。	
☐ (8) ☐ (11)	**Aなくして、B**：Aがなければ、Bない ＊Aは名詞で、Bは否定。 例）佐々木先輩は仕事でも、プライベートでも、本当の兄のように面倒を見てくれた。<u>先輩なくして</u>、今の自分はないと思う。	
☐ (9) ☐ (19)	**Aゆえに、B**：Aために、B ＊Aは主に名詞。Bが名詞の時は「AゆえのB」となる（例2）。 例1）通訳は<u>初めてゆえに</u>、うまく伝わったかどうか自信がない。 例2）<u>若さゆえの</u>失敗は誰にでも、経験があることであろう。	
☐ (10) ☐ (13)	**A次第、B**：AしたらすぐB ＊Aは動詞の「ます形」。 例）集計が<u>でき次第</u>、皆様に結果をお知らせいたします。	

B is only possible with A *Both A and B are nouns. *There is also the form「Aならではだ」(例2).	除A以外都不能的B（只有A才能的B） *A和B都使用名词。 *也可用作「Aならではだ」的形式（例2）。	A이외에는 할 수 없는 B * A도 B도 명사. *「Aならではだ」라는 형태도 있다(例2).
B even A A is a noun and B is almost always the negative form of a verb.	连A都不B *A使用名词，B基本使用动词的否定形式。	A조차 (도) B없다 * A는 명사이고, B는 동사의 부정이 대부분.
Without A, B *A is a noun and B is a negation.	如果没有A的话，就没有B。 *A使用名词，B使用否定形式。	A가 없으면, B 없다 * A는 명사이고, B는 부정.
Because of A, B *A is mostly a noun. When B is a noun, the form is「AゆえのB」(例2).	因为A，所以B *A主要使用名词。当B使用名词时，就变成「AゆえのB」的形式（例2）。	A기 때문에, B * A는 주로 명사. B는 명사일 때「AゆえのB」가 된다(例2).
As soon as A, B *A is the verb stem.	一A立即就B *A使用动词的"ます形"。	A하면 곧 B * A는 동사의「ます형」.

ユニット 1

使えるようになろう

書き換えよう　例のように、書き換えるところに＿＿＿を引き、□の中から適当な言葉を選んで書き換えましょう。例を入れて、全部で9こあります。

（正解→29ページ）

「体育会系」という言葉がある。「彼、すごい体育会系で……」などと言ったりする。スポーツマン以外にはない男らしさを持った人とでも表現したらよいだろうか。言葉づかいでも、

例）ならではの

態度や行動でも、とにかく男くさいのである。私も人からよく「体育会系だね。」と言われるが、悪い気はしない。実は、私は幼少時代、泣き虫だった。そのイメージの強さのために、今でも、母や姉には子供扱いされているのだ。昔のことなので、覚えていないが、私が赤ちゃんだった頃、母には相当苦労させたらしい。一度泣き出したら、終わりで、誰にも止められない。ミルクをやっても、泣きやむ気配さえなかったという。子守に疲れた母の代理で、父が私を抱くと、ますます泣き声が大きくなり、困ったと父は言っていた。そんな私がスポーツに目覚めたのは高校生の時で、球技なら、何でもできる。今では、スポーツがなければ、私のことは語れないだろう。早く「子供扱い」から解放されたいものである。

なくして	ところで	にしろ／にしろ	ゆえに
こととて	にかわって	が最後	すら	ならではの

| 力試しテスト | → | ポイントを整理しよう | → | 使えるようになろう | → | 確認問題 |

自分を表現しよう

次の質問に、あなたのことやあなたの考えなどを答えましょう。例のように〈　〉内の文法を使いましょう。　　　（解説→29ページ）

1) レストランで席を待つお客に「まだですか」と言われました。あなたがウエイトレス（ウエイター）なら、どう答えますか。
　〈A次第、B〉　例）準備が整い次第、ご案内しますので、もうしばらくお待ちいただけますか。

2) あなたが「やっても、無駄だ」と思うことについて教えてください。
　〈Aところで、B〉　例）子供に高いコンピューターを買ったところで、ゲームやインターネットぐらいしかしないので、無駄だと思います。

3) 記憶が薄れて名前（顔）も思い出せない（覚えていない）人がいますか。
　〈AすらB〉　例）妹の主人のお父さんとは結婚式で会ったきりなので、顔すら思い出せません。

4) 自分が調子が悪い時、人にしてもらったことについて教えてください。
　〈Aにかわって、B〉　例）高校時代、けがをした私にかわって、友達が部活の練習の準備をしてくれました。

5) 事情はわかるけれども、納得ができなかった経験について教えてください。
　〈Aにしろ、B〉　例）給料日前にしろ、白いご飯に梅干しだけの弁当は寂しすぎます。

6) あなたの国（地域）の特徴的なことについて教えてください。
　〈Aならではだ〉　例）これだけ豊富な海産物を使った料理を味わえるのは、北海道ならではです。

ユニット 1

こんな時どう言う？（ロールプレイ）

AさんとBさんになって会話をします。まず、☐の文章を読んで、このユニットで習った文法を使って、AさんとBさんの会話文を考えましょう。その後、ヒントを参考にして、下の会話文を完成させましょう。

（解答例→30ページ）

Aさん：日本語学校の学生、BさんとCさんのクラスメート	Bさん：日本語学校の学生、AさんとCさんのクラスメート
あなたはクラスメートのBさんとCさんと一緒にクラスの食事会に参加しました。その席でいつものようにCさんが泥酔してしまいました。あなたは「Cさんは勧められたら、終わりで、ひどく酔っ払うまでお酒を飲むので、困る」と思っています。そのことをBさんに伝えましょう。	あなたはクラスメートのAさんとCさんと一緒にクラスの食事会に参加しました。その席でいつものようにCさんが泥酔してしまいました。あなたは「Cさんは注意しても、言うことを聞かない」と不満に思っています。そのことをAさんに伝えましょう。

＜会話文＞

A：Cさん、またひどく酔っ払ってますね。

B：そうですね。

A：＿＿＿＿＿＿＿＿＿＿＿＿＿＿＿＿＿＿＿＿＿、

　　ひどく酔っぱらうまで飲み続けますからね。

　　　　　　　　　　　　　　　　　　　　　【ヒント】「〜たら、もう終わり（悪い結果）」と、困った気持ちを伝えたい時、どう言う？

B：そうですね。＿＿＿＿＿＿＿＿＿＿＿＿＿＿、

　　言うことをききませんしね。

　　　　　　　　　　　　　　　　　　　　　【ヒント】「〜ても、悪い結果」と言いたい時、どんな文法を使う？

A：本当に。もう少ししっかりしてほしいですね。

練習しよう

Aさんと会話をします。あなたはBさんです。Aさんが①～③のように言ったら、例のように〈　〉内の文法を使って、答えましょう。Cさんには、友達の名前を入れて考えてみましょう。（解答例→31ページ）

例)〈Aみたいだ〉
① A：Cさんを探しているんですが、どこかで見ませんでしたか。
→ B：もう帰ってしまったみたいですね。
② A：あそこ、見てください。大勢人が集まっていますよ。
→ B：何かやっているみたいですね。
③ A：Cさん、会社を早退しちゃったね。元気、なかったなあ。
→ B：体調が悪いみたいだね。

1)〈Aところで、B〉
① A：今日デートなんでしょう？　もう少しおしゃれしたら？
→ B：

② A：時給、上げてもらえるように店長に頼んでみたら？
→ B：

③ A：車、ハイブリッド車に買い替えようかな。
→ B：

2)〈AすらB〉
① A：Bさん、フランス語、できますか。
→ B：

② A：Bさん、海外旅行したこと、ありますか。
→ B：

③ A：Cさんの恋人と会ったんでしょう？　どんな感じの人だった？
→ B：

ユニット 1

3）〈Aにしろ、B〉

① A：Cさん、本当に寿司が好きなんだね。30皿も食べたんだって。
→ B：

② A：Cさん、バドミントン、初めてなんだって。だから、下手なんだね。
→ B：

③ A：ごめん、遅れて。電車の事故に巻き込まれちゃって。
→ B：

4）〈A次第、B〉

① A：採用結果は、どのような形でわかりますか。
→ B：

② A：転居のお知らせは、どの時期に出すものですか。
→ B：

③ A：ご主人とお話ししたかったのですが、ご不在のようですね。
→ B：

5）〈Aが最後、B〉

① A：Cさんはおとなしい人ですね。怒ったりしないんですか。
→ B：

② A：Dちゃん（赤ちゃん）は全然泣かない、いい子ですね。
→ B：

③ A：Cさん、もう一人で30分も歌ってるね。
→ B：

「使えるようになろう」正解・解答例・解説

書き換えよう

「体育会系」という言葉がある。「彼、すごい体育会系で……」などと言ったりする。スポーツマン以外にはない男らしさを持った人とでも表現したらよいだろうか。言葉づかい<u>でも</u>、態度や行動
　　　　　　　例）ならではの　　　　　　　　　　　　　　　　　　　　　　　　　　　　　にしろ

<u>でも</u>、とにかく男くさいのである。私も人からよく「体育会系だね。」と言われるが、悪い気はしない。
にしろ

実は、私は幼少時代、泣き虫だった。そのイメージの強さ<u>のために</u>、今でも、母や姉には子供扱い
　　　　　　　　　　　　　　　　　　　　　　　　　ゆえに

されているのだ。昔のこと<u>なので</u>、覚えていないが、私が赤ちゃんだった頃、母には相当苦労させ
　　　　　　　　　　のこととて

たらしい。一度<u>泣き出したら</u>、<u>終わりで</u>、誰にも止められない。ミルクを<u>やっても</u>、泣きやむ気配
　　　　　　泣き出したが最後　　　最後　　　　　　　　　　　　　　　やったところで

<u>さえ</u>なかったという。子守に疲れた母<u>の代理で</u>、父が私を抱くと、ますます泣き声が大きくなり、困っ
すら　　　　　　　　　　　　　　にかわって

たと父は言っていた。そんな私がスポーツに目覚めたのは高校生の時で、球技なら、何でもできる。

今では、スポーツが<u>なければ</u>、私のことは語れないだろう。早く「子供扱い」から解放されたいも
　　　　　　　　　なくして

のである。

自分を表現しよう

1) 「ます形」+次第。「Aしたら、すぐにB」という意味。「急いで」という意味が含まれている。	Verb stem + 次第. This means as soon as A, B. It also includes the meaning of hurrying.	「ます形」+次第。意思是"一A立即就B"。含有"匆匆忙忙"的意思。	「ます형」+次第. < A하면, 곧 B > 라는 의미. < 서둘러서 > 라는 의미가 포함되어 있다.
2) 例は、「高いコンピューターを買っても、<u>無駄</u>だ」という意味。	The example means that even if you buy a child an expensive computer, it is a waste.	例句的意思是，"即使买了价格贵的电脑，也是浪费"。	예문은, < 비싼 컴퓨터를 사도 소용이 없다 > 라는 의미.

3）例は、「顔も思い出せない（だから、声や名前はもちろん思い出せない）」という意味。「すら」の後ろは否定。	The example means that you can't even remember his face so obviously you can't remember his voice or his name either. A negation comes after「すら」.	例句的意思是，"连容貌都想不起来（所以，声音和名字当然也想不起来了）"。「すら」的后边使用否定形式。	예문은 , < 얼굴도 기억이 나지 않는다 (그래서 목소리나 이름은 물론 기억나지 않는다) > 라는 의미 .「すら」뒤에는 부정 .
4）「Aの代理で、B」という意味。「自分が調子が悪い時」なので、「私にかわって、人が」という形。	This means B instead of A. As this is a time when you are not well, the form is「私にかわって、人が」.	意思是"代替A，B"。因为是"自己的状态不太好的时候"，所以使用「私にかわって、人が」。	< A를 대신하여 , B > 라는 의미 . < 자기 자신의 컨디션이 좋지 않을 때 > 이기 때문에「私にかわって、人が」라는 형태 .
5）例は、「給料日前は本当だけれども、白いご飯に梅干しだけの弁当は寂しすぎる」という意味。	The example means that it is true that it is just before payday but that a lunch box with just plain rice and an umeboshi is too extreme.	例句的意思是，"就算是发薪日之前，只有白米饭加梅干儿的便当，也太单调了"。	예문은 , < 월급날 전인 것은 사실이지만, 하얀 밥에 매실 장아찌만 들어 있는 도시락은 너무나 쓸쓸하다 > 라는 의미 .
6）「北海道に行けば、豊富な海産物を使った北海道ならではの料理が食べられます」のように、「AならではのB」という形に言い換えることもできる。	It is also possible to rephrase this with the form「AならではのB」as in「北海道に行けば、豊富な海産物を使った北海道ならではの料理が食べられます」.	也可以像下面这句话一样，「北海道に行けば、豊富な海産物を使った北海道ならではの料理が食べられます」，换成「AならではのB」的形式。	「北海道に行けば、豊富な海産物を使った北海道ならではの料理が食べられます」와 같이 ,「AならではのB」라는 형태로 바꿔 말할 수 있다 .

こんな時どう言う？（ロールプレイ）

A：Cさん、またひどく酔っ払っていますね。

B：そうですね。

A：人に勧められたが最後、
　　ひどく酔っぱらうまで飲み続けますからね。

←「人に勧められたら、それでもう終わりで」という意味が含まれている。

B：そうですね。注意したところで、
　　言うことをききませんしね。

←「注意しても、言うことをきかない（悪い結果）」という意味。

A：本当に。もう少ししっかりしてほしいですね。

練習しよう

1）〈Aところで、B〉
　①おしゃれしたところで、あんまり変わらないから。
　②頼んだところで、上げてもらえるはずがないよ。
　③買い換えたところで、あまり乗らないんだから、意味がないじゃない。

2）〈AすらB〉
　①いえ、フランス語どころか英語すらできません。
　②いえ、国内旅行すらあまりしたことがありません。
　③それが、顔すら思い出せないんだ。

3）〈Aにしろ、B〉
　①えー、いくら好きにしろ、30皿は食べ過ぎだよね。
　②でも、初めてにしろ、もう少しできてもいいのにね。
　③そうなんだ。でも、電車の事故にしろ、電話ぐらいできたでしょう。

4）〈A次第、B〉
　①結果が出次第、こちらからお電話させていただきます。
　②引っ越しが済み次第、出すべきでしょうね。
　③すみません。家に戻り次第、お電話するよう伝えます。

5）〈Aが最後、B〉
　①いえ、怒りますよ。怒りだしたが最後、誰にも止められませんよ。
　②いえ、泣いたが最後、なかなか泣きやみませんよ。
　③そうだね。マイクを持ったが最後、離さないからね。

ユニット2 力試しテスト　　□/100点

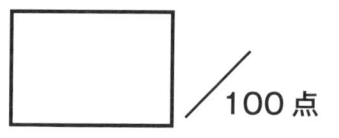

問題1　次の文の（　）に入れるのに最もよいものを、1・2・3・4から一つ選びなさい。
(5点×14問＝70点)

（1）当店では、かき氷（　　　）、ソフトクリーム、メロンソーダなど冷たいものを召し上がっていただけます。
　　1　をはじめ　　　2　にかかわらず　　3　かたがた　　　4　にして

（2）来日当初は日常会話（　　　）、簡単な挨拶さえできなかった。
　　1　というと　　　2　に限って　　　　3　とはいえ　　　4　はおろか

（3）海に出ても、イルカに会えるのは、3回に1回（　　　）。
　　1　といったらない　2　しまつだ　　　3　といったところだ　4　にほかならない

（4）この時期、平日の紳士服売り場は比較的空いているが、バーゲン（　　　）、歩くのが困難なくらい大勢の人でにぎわう。
　　1　ともなると　　2　なり　　　　　3　にひきかえ　　4　というより

（5）利用者が大幅に減少した（　　　）、施設従業員の削減が行われることになった。
　　1　ことから　　　2　ものの　　　　3　ついでに　　　4　というより

（6）経験豊富（　　　）、授業初日は緊張するものだ。
　　1　というより　　2　だけあって　　3　といえども　　4　にしてみれば

（7）ごぼうが牛肉のうまみ（　　　）、絶妙なおいしさに、はしが止まりません。
　　1　だけあって　　2　にしては　　　3　どころか　　　4　とあいまって

（8）家庭菜園で作った野菜を（　　　）、孫の顔を見に行ってくる。
　　1　届けたとたん　2　届けがてら　　3　届けばこそ　　4　届ける限り

（9）彼の書道の作品はすばらしい。入賞する（　　　）美しさだ。
　　1　だけあって　　2　に足る　　　　3　そばから　　　4　だに

力試しテスト → ポイントを整理しよう → 使えるようになろう → 確認問題

(10) 子供なんて、いないほうが自由な時間ができていいと（　　　）、修学旅行で二日間、子供が留守にしただけで、寂しそうだ。
　　1　言わんばかりに　　2　言えばこそ　　3　言いながらも　　4　言うからには

(11) 散歩（　　　）、商店街の桜祭りをのぞいてみよう。
　　1　ながら　　2　をはじめ　　3　がてら　　4　の下で

(12) 江口さんは、話し方や態度が落ち着いている（　　　）、同級生から先輩と呼ばれている。
　　1　のみならず　　2　反面　　3　ことから　　4　とは

(13) 宝くじは当たるはずがないと思い（　　　）、毎回買ってしまう。
　　1　なりに　　2　ながらも　　3　つつあり　　4　かたがた

(14) 少し甘めのすし飯がたっぷりの刺身と（　　　）、とてもおいしいです。
　　1　きっかけで　　2　最後　　3　あいまって　　4　だけあって

問題2　次の文の＿＿★＿＿に入る最もよいものを、1・2・3・4から一つ選びなさい。

（5点×6問＝30点）

(15) 今期は集中して勉強に取り組んだので、＿＿＿＿　＿★＿　＿＿＿＿　＿＿＿＿できた。
　　1　成績を　　2　に足る　　3　満足する　　4　収めることが

(16) 一流の＿＿＿＿　＿＿＿＿　＿＿＿＿　＿★＿決して裏切らない。
　　1　期待を　　2　小説家　　3　読者の　　4　ともなると

(17) 奨学金を＿＿＿＿　＿★＿　＿＿＿＿　＿＿＿＿にお金がかかるため、決して楽ではない。
　　1　といえども　　2　生活費など　　3　交通費や　　4　もらっている

(18) ＿＿＿＿　＿＿＿＿　＿＿＿＿　＿★＿棒高跳びや砲丸投げなど、さまざまな競技が楽しめる。
　　1　をはじめ　　2　世界陸上では　　3　最終日の　　4　マラソン

(19) 子育てが忙しくて、＿＿＿＿　＿＿＿＿　＿★＿　＿＿＿＿テレビを見る余裕もない。
　　1　ゆっくり　　2　テニス　　3　はおろか　　4　趣味の

(20) テストはできた＿★＿　＿＿＿＿　＿＿＿＿　＿＿＿＿。
　　1　400点中　　2　といったところだ　　3　といっても　　4　240点

ユニット2 ポイントを整理しよう

正解
下の解答で答え合わせをし、32ページの□に点数を書きましょう。

問題1
（1）1　（2）4　（3）3　（4）1　（5）1　（6）3　（7）4
（8）2　（9）2　（10）3　（11）3　（12）3　（13）2　（14）3

ポイント
下の表は、それぞれの問題を解くために必要な文法の解説です。間違えた問題や、理解していなかったと思う問題の□に✔を書き、解説を何度も読んで、理解しましょう。

問題	解説	
□（1） □（18）	**AをはじめB**（N3）：Aを代表的なものとして、B ＊AもBも名詞。 ＊Aは話し手（書き手）が考える代表的なもの、中心となるものである。 例）誕生日には、友達をはじめ、いとこたちからもお祝いメールが届いた。	
□（2） □（19）	**Aはおろか、Bも**：Aはもちろん、程度（年齢）の異なるBも ＊Aは名詞。 ＊Bは「Bも（さえ）～ない」という形も多い（例2）。 例1）「イマジン」はイギリスはおろか、世界中の人々にも愛される曲だ。 例2）練習不足のため、優勝はおろか、1回戦も突破できなかった。	
□（3） □（20）	**Aといったところだ**：多くても（良くても）Aといった程度だ ＊Aは名詞。 例）子供がたくさんほしいといっても、せいぜい3人といったところだ。	
□（4） □（16）	**Aともなると、B**：Aという立場（年齢／時期／レベル）になると、B ＊Aは名詞。 例）中学生ともなると、親と一緒に出かけることを恥ずかしがるようになる。	
□（5） □（12）	**Aことから、B**：Aから、B ＊Aは動詞、イ形容詞の「普通形」、ナ形容詞「～な」、名詞「である」 ＊Bは「～と呼ばれている」という表現も多い（例2）。 例1）この通りは夜間は人通りが少なく、真っ暗になることから、女性が一人で歩かないようにと看板が出ている。 例2）彼はパチンコで生活費を稼いでいることから、ギャンブル王と呼ばれている。	

問題2

(15) 2　今期は集中して勉強に取り組んだので、<u>満足する</u> ★<u>に足る</u> <u>成績を</u> <u>収める</u>ことができた。

(16) 1　<u>一流の</u> <u>小説家</u> <u>ともなると</u> <u>読者の</u> ★<u>期待</u>を決して裏切らない。

(17) 1　<u>奨学金を</u> <u>もらっている</u> ★<u>といえども</u> <u>交通費や</u> <u>生活費</u>などにお金がかかるため、決して楽ではない。

(18) 1　<u>世界陸上では</u> <u>最終日の</u>（最終日の　世界陸上では）<u>マラソン</u> ★<u>をはじめ</u> 棒高跳びや砲丸投げなど、さまざまな競技が楽しめる。

(19) 3　子育てが忙しくて、<u>趣味の</u> <u>テニス</u> ★<u>はおろか</u> <u>ゆっくりテレビを見る</u> 余裕もない。

(20) 3　テストはできた★<u>といっても</u> <u>400点中</u> <u>240点</u> <u>といったところだ</u>。

The table below explains the grammar required to answer the questions. Check the box for questions that you got wrong or those that you don't think you understood and read over the explanations a number of times to make sure you understand them.

下表是为解答各类语法问题所作的解释和说明。请在容易做错的问题或者尚未理解的问题前的小方框口内划レ记号，然后反复阅读解说，直至理解。

아래의 표는 각각의 문제를 풀기 위해, 필요한 문법 해설입니다. 틀린 문제나 이해가 안 되는 문제는 □안에 レ라고 표시한 후에, 해설을 반복해서 읽고, 이해합시다.

Explanation	解说	해설
A as a representative, B *Both A and B are nouns. *A is the most representative of the things that the speaker (writer) is listing.	以A作为代表性的事物，B *A和B都是名词。 *A表示说话人（笔者）所认为的最有代表性的、最主要的事物。	A가 대표적인 것으로서, B * A도 B도 명사. * A는 말하는 이 (쓰는 이) 가 생각하는 대표적인 것으로서, 중심이 되는 것이다.
Not only A is a given, but also B is also a given to a different extent (age) *A is a noun. *B is frequently in the form「Bも（さえ）〜ない」(例2).	别说A，就连程度（年龄）不同的B也 *A使用名词。 *B也常用于「Bも（さえ）〜ない」这种形式（例2）。	A는 물론, 정도 (연령) 가 다른 B도 * A는 명사. * B는「Bも（さえ）〜ない」라는 형태도 많다 (例2).
The extent of A at the most (at best) *A is a noun.	再多（再好），也就是A这个程度 *A使用名词。	많아도 (좋아도) A라는 정도이다 * A는 명사.
When it comes to A (age/period/level), B *A is a noun.	如果达到A这样的条件（年龄／时期／程度）的话，就B *A使用名词。	A라는 입장 (연령 / 시기 / 레벨) 이 되면, B * A는 명사.
Because of A (fact), B A can be the plain form of a verb or an *i*-adjective, a *na*-adjective「〜な」or a noun「である」. *B is also frequently the expression「〜と呼ばれている」(例2).	由于A，因此B *A使用动词、イ形容词的"普通形"、ナ形容词"〜な"、名词"である" *B常用「〜と呼ばれている」这种形式（例2）。	A기 때문에, B * A는 동사, イ형용사의「보통형」, ナ형용사「〜な」, 명사「である」 * B는「〜と呼ばれている」라는 표현도 많다 (例2).

ユニット 2

☐ (6) ☐ (17)	**A といえども、B**：A といっても、B ＊A は動詞、イ形容詞、ナ形容詞の「普通形」、名詞。 例）素人(しろうと)のケーキ<u>といえども</u>、お菓子作りが趣味という人が作ったので、おいしいはずだ。	
☐ (7) ☐ (14)	**A が B とあいまって、C**：A が B と一緒になって、C（よい結果） ＊A は名詞。 例）この曲が見事な演出<u>とあいまって</u>、夢のような空間を作り出し、体が震(ふる)えるほど感動した。	
☐ (8) ☐ (11)	**A がてら、B**：A ついでに、B ＊A は動詞の「ます形」、名詞。 例）祖母のお見舞い<u>がてら</u>、いとこにお見合いの話を持って行った。	
☐ (9) ☐ (15)	**A に足る B**：A に値(あたい)する B ＊A は動詞の「辞書形」、名詞。 例）さすが個展を何度も開く画家だけあって、鑑賞する<u>に足る</u>絵ばかりだ。	
☐ (10) ☐ (13)	**A ながら(も)、B**：A けれども、B ＊A は動詞の「ます形」、イ形容詞「〜い」。 例）旅行から帰るといつも思う。「狭い<u>ながらも</u>楽しい我が家」と。	

Even though A, B *A can be the plain form of the verb, an *i*-adjective or a *na*-adjective or a noun.	虽说A，也B *A使用动词、イ形容词、ナ形容词的"普通形"、名词。	A라고 해도, B * A는 동사, イ형용사, ナ형용사의「보통형」, 명사.
A together with B, C (good result) *A is a noun.	A和B一起，形成C（好的结果） *A使用名词。	A가 B와 어울려, C (좋은 결과) * A는 명사.
While A, B *A can be a verb stem or a noun.	A的顺便，同时B *A使用动词的"ます形"、名词。	A 김에, B * A는 동사의「ます형」, 명사.
B worthy of A *A can be the dictionary form of the verb or a noun.	值得A的B *A使用动词的"辞书形"、名词。	A에 가치가 있는 B * A는 동사의「사전형」, 명사.
Even while A, B *A can be a verb stem or an *i*-adjective「〜い」.	虽然A，但是B *A使用动词的"ます形"、イ形容词"〜い"。	A지만, B * A는 동사의「ます형」, イ형용사「〜い」.

ユニット2 使えるようになろう

書き換えよう
例のように、書き換えるところに＿＿を引き、□の中から適当な言葉を選んで書き換えましょう。例を入れて、全部で9こあります。

（正解→43ページ）

名古屋は喫茶店文化が根付いている。友達に会うついでにコーヒーを、朝食を喫茶店で、
例）会いがてら

という習慣がある。最近は大人はもちろん、高校生の姿を見ることも多くなった。中でも、

私のお気に入りの喫茶店は、名古屋のある愛知県を第一に、岐阜県、三重県、静岡県などに

数多くの店舗を持つ珈琲所コメダ珈琲店だ。人気店になると、行列ができるほどだ。コメダ

のメニューの中では、特にシロノワールが人気だ。デニッシュの上にソフトクリームがのっ

ており、お好みでメープルシロップをかけて食べる。見た目のかわいらしさがおいしさと

一緒になって、人気を呼んでいるのだ。芸能人がテレビで紹介したり、いろいろな番組で取

り上げられたりしたので、全国的に知られるようになった。人気商品といっても、値段は約

600円という程度で、お得感があり、満足するに値する一品だ。ぜひお試しあれ。

| ともなると | といったところだ | ことから | はおろか |
| といえども | に足る | がてら | をはじめ | とあいまって |

| 力試しテスト | → | ポイントを整理しよう | → | **使えるようになろう** | → | 確認問題 |

自分を表現しよう

次の質問に、あなたのことやあなたの考えなどを答えましょう。例のように〈　〉内の文法を使いましょう。　　（解説→43ページ）

1）あなたが「お金持ちでいいね」と言われたら、何と答えますか。
　　〈Aはおろか、Bも〉　例）うちは、車はおろか、自転車もないんですよ。

　　_____

2）携帯電話の料金、月にいくらか教えてください。
　　〈Aといったところだ〉　例）月に5,000円といったところです。

　　_____

3）能力試験N1の勉強について、どんな感想を持っているか教えてください。
　　〈Aともなると、B〉　例）N1ともなると、覚えなければならない言葉が多くなって、大変です。

　　_____

4）あなたの国の観光名所について、教えてください。
　　〈Aをはじめ、B〉　例）日本には富士山をはじめ、京都、奈良などの観光名所があります。

　　_____

5）早くしなきゃと思うけれども、なかなかできないことについて教えてください。
　　〈Aながら（も）、B〉　例）早く起きなきゃと思いながらも、つい二度寝してしまいます。

　　_____

6）あなたの周りの人のニックネームの理由を教えてください。
　　〈Aことから、B〉　例）弟は、背が高くて、がっちりしていることから、お相撲さんと呼ばれています。

　　_____

ユニット2

こんな時どう言う？（ロールプレイ）

AさんとBさんになって会話をします。まず、☐の文章を読んで、このユニットで習った文法を使って、AさんとBさんの会話文を考えましょう。その後、ヒントを参考にして、下の会話文を完成させましょう。

（解答例→44ページ）

Aさん：大学の留学生、Bさんのクラスメート	Bさん：大学の留学生、Aさんのクラスメート
あなたは新型のノートパソコンを買ったことをBさんに伝えましょう。Bさんに値段のことを聞かれたら、そんなに高くなく、15万円程度だということを伝えましょう。	Aさんが新型のノートパソコンを買ったと言ってきます。あなたはそれを聞いて、「新型のパソコンだったら、高かっただろう」と思いました。その考えを伝えましょう。

＜会話文＞

A：Bさん、見て。新型のノートパソコンを買ったんだよ。

B：わあ、いいね。でも、＿＿＿＿＿＿＿＿＿＿＿＿、

　　高かったでしょう。

> ヒント：「（旧式のではなく、）新型のパソコンは」と言いたい時、どんな文法を使う？

A：そんなに高くないよ。

B：どのぐらい？

A：＿＿＿＿＿＿＿＿＿＿＿＿＿＿＿＿＿＿＿＿よ。

> ヒント：「そんなに高くない。この程度だ」と言いたい時、どう言う？

B：へえ、そうなんだ。それほど高くないね。

練習しよう

Aさんと会話をします。あなたはBさんです。Aさんが①〜③のように言ったら、例のように〈　〉内の文法を使って、答えましょう。Cさんには、友達の名前を入れて考えてみましょう。（解答例→45ページ）

例）〈Aみたいだ〉
① A：Cさんを探しているんですが、どこかで見ませんでしたか。
→ B：もう帰ってしまったみたいですね。
② A：あそこ、見てください。大勢人が集まっていますよ。
→ B：何かやっているみたいですね。
③ A：Cさん、会社を早退しちゃったね。元気、なかったなあ。
→ B：体調が悪いみたいだね。

1)〈Aがてら、B〉
① A：散歩、行きませんか？　駅前のお祭りも見たいですし。
→ B：

② A：ジョンさんの風邪のお見舞いに行かない？　夏休みの旅行の計画の話もしたいし。
→ B：

③ A：買い物に行かない？　郵便局で年賀状も出したいし。
→ B：

2)〈Aながら(も)、B〉
① A：パチンコなんて、ばからしいよ。
→ B：

② A：やっぱり狭くても、家が落ち着くよね。
→ B：

③ A：仕事していると、なかなか掃除できないね。
→ B：

ユニット2

3) 〈Aといったところだ〉
   ① A：Bさん、よく外食するんですって？
   → B：

   ② A：Bさん、家賃の高いマンションに住んでるそうですね。
   → B：

   ③ A：Bさん、ゲームのソフト、たくさん持ってるんだって？
   → B：

4) 〈Aをはじめ、B〉
   ① A：Bさんは、どのような資格をお持ちですか。
   → B：

   ② A：Bさんの大学には、どのような学部がありますか。
   → B：

   ③ A：Bさんのお国の有名な企業について、教えてください。
   → B：

5) 〈Aともなると、B〉
   ① A：最近うちの中学生の息子が全然口をきかなくなってしまって。
   → B：

   ② A：一戸建て(いっこだて)がほしいんですけど、なかなか手が出なくて。
   → B：

   ③ A：観光地といっても、このあたりは静かですね。1年中こうなんですか。
   → B：

「使えるようになろう」正解・解答例・解説

書き換えよう

名古屋は喫茶店文化が根付いている。友達に<u>会うついでに</u>コーヒーを、朝食を喫茶店で、という
　　　　　　　　　　　　　　　　　　　例) 会いがてら
習慣がある。最近は大人<u>はもちろん</u>、高校生の姿を見ることも多くなった。中でも、私のお気に入
　　　　　　　はおろか
りの喫茶店は、名古屋のある愛知県<u>を第一に</u>、岐阜県、三重県、静岡県などに数多くの店舗を持つ
　　　　　　　　　　　　　　　　をはじめ
珈琲所コメダ珈琲店だ。人気店<u>になると</u>、行列ができるほどだ。コメダのメニューの中では、特に
　　　　　　　　　　　　　　ともなると
シロノワールが人気だ。デニッシュの上にソフトクリームがのっており、お好みでメープル・シロッ
プをかけて食べる。見た目のかわいらしさがおいしさ<u>と一緒になって</u>、人気を呼んでいるのだ。芸
　　　　　　　　　　　　　　　　　　　　　　　　とあいまって
能人がテレビで紹介したり、いろいろな番組で取り上げられたりした<u>ので</u>、全国的に知られるよう
　　　　　　　　　　　　　　　　　　　　　　　　　　　　　　　ことから
になった。人気商品<u>といっても</u>、値段は約600円<u>という程度で</u>、お得感があり、満足する<u>に値する</u>
　　　　　　　　といえども　　　　　　　　　　といったところで　　　　　　　　　　　　に足る
一品だ。ぜひお試しあれ。

自分を表現しよう

1）例は、「（お金がかかる）車はもちろん、もっと安い自転車もない」という意味。	The example means that not only do you not own a car (which costs a lot of money), but you do not own a bicycle (which is much cheaper) either.	例句的意思是，"别说（花钱的）汽车，就连比它更便宜的自行车也没有"。	예문은, <（돈이 드는）차는 물론, 더 싼 자전거도 없다> 라는 의미.
2）「Aといったところだ」で、「そんなに高い程度ではなく、Aぐらいだ」という意味。	This uses the form「Aといったところだ」and means that the extent is not too great – around A at the most.	「Aといったところだ」，表示的意思是"没有那么高的程度，也就是A左右的水平"。	「Aといったところだ」는 <그렇게 비싼 정도가 아니라 A 정도이다> 라는 의미.

ユニット2

3）「Aともなると、B」で、「Aというレベルになると、B」という意味。例は、「(N2までなら、大丈夫だが、)N1というレベルになると、覚えなければならない言葉が多くなって、大変だ」という意味。	This uses the form「Aともなると、B」and means when it comes to the level of A, B. The example means that (you can understand up to the N2 level) but when it comes to the N1 level, there is an increase in the number of words you have to learn which makes it hard work.	「Aともなると、B」表示的意思是，"如果达到A这个水平的话，就B"。例句的意思是，"(要达到N2这种水平的话，问题还不大,)要是到了N1这个水平的话，需要记住的词汇就很多，真够受的"。	「Aともなると、B」는＜Aという레벨이 되면，B＞라는 의미．예문은＜(N2까지라면，괜찮지만,) N1이라는 레벨이 되면，외워야 할 말이 많아져서 힘들다＞라는 의미．
4）「Aを代表的なものとして、B」という意味。	This means A as a representative, B.	意思是"作为代表性事物的A，B"	＜A가 대표적인 것으로서，B＞라는 의미．
5）動詞の「ます形」+ながらも。例は、「早く起きなきゃと思うけれども、つい二度寝してしまう」という意味。	This is the verb stem + ながらも。The example means that even while thinking that you have to get up early, you go back to sleep.	动词的"ます形"+ながらも。例句的意思是，"虽然想着一定得早起，可还是不由得又再次睡了。"	동사의「ます형」+ながらも．예문은，＜빨리 일어나야지하고 생각하지만，그만 다시 자고 만다＞라는 의미．
6）「Aことから、B（と呼ばれている）」という形も多い。AにはBと呼ばれる理由が来る。	The form「Aことから、B（と呼ばれている）」is also frequent. The reason that someone/something is called B is explained in A.	常用作「Aことから、B（と呼ばれている）」这种形式。A里包含被称作B的理由。	「Aことから、B（と呼ばれている）」라는 형태가 많다．A에는 B라고 불리는 이유가 온다．

こんな時どう言う？（ロールプレイ）

A：Bさん、見て。新型のノートパソコンを買ったんだよ。
B：わあ、いいね。でも、<u>新型ともなると</u>、高いでしょう。　　　　　◀　「(旧式ではなくて、)新型のパソコンというレベルになると」という意味。
A：そんなに高くないよ。
B：どのぐらい？
A：<u>15万円といったところだよ</u>。　　　　　◀　「そんなに高くなくて、15万円程度だ」という意味。
B：へえ、そうなんだ。それほど高くないね。

練習しよう

1）〈Aがてら、B〉
　①そうですね。散歩がてら、お祭りを見てきましょうか。
　②そうだね。お見舞いがてら、旅行の話をしてこよう。
　③いいね。買い物がてら、年賀状を出してこよう。

2）〈Aながら（も）、B〉
　①そう言いながらも、毎週のように行っているじゃない。
　②そうだね。狭いながらも、楽しい我が家だね。
　③うん。しなきゃと思いながらも、なかなかできないんだよね。

3）〈Aといったところだ〉
　①するといっても、週に3回といったところですよ。
　②高いといっても、月8万円といったところですよ。
　③いや、10本といったところだよ。

4）〈Aをはじめ、B〉
　①英語検定1級をはじめ、中国語検定3級、ハングル検定4級などです。
　②私の大学には、経済学部をはじめ、経営学部、文学部などがあります。
　③ソニーをはじめ、シャープ、パナソニックなどの企業があります。

5）〈Aともなると、B〉
　①やはり中学生ともなると、大人に近づきますからね。
　②そうでしょうね。一戸建てともなると、相当なお金が必要ですからね。
　③いえ、夏休み、冬休みともなると、大勢の観光客が訪れますよ。

ユニット3 力試しテスト　　□/100点

問題1　次の文の（　）に入れるのに最もよいものを、1・2・3・4から一つ選びなさい。
(5点×14問＝70点)

（1）頼まれれば、引き受けない（　　）が、あまり気乗りがしない。
　　1　ところで　　　2　わけだ　　　3　どころではない　　4　ものでもない

（2）市営図書館は学生（　　）、社会人や主婦にもよく利用されている。
　　1　にしては　　　2　はもとより　　3　だからといって　　4　ゆえに

（3）ここにかかっているシャツは、性別（　　）、着ていただけます。
　　1　を問わず　　　2　ではあるまいし　3　ともなると　　4　どころか

（4）彼は、ただ優しい（　　）、言うべきところでは意見を主張できる頼もしい人だ。
　　1　ところで　　　2　こととて　　　3　のみならず　　4　うえに

（5）遅れちゃって、ごめんなさい。赤ちゃんが泣き出して、手が離せなかった（　　）。
　　1　ものだから　　2　にちがいない　3　わけがない　　4　どころではない

（6）オフィスの入口に立っていたら、邪魔（　　）、背中を押された。
　　1　だとはいえ　　2　でたまらない　3　にしても　　　4　だとばかりに

（7）30歳を超えたいい大人が服選びに母親に付き添ってもらうとは、驚きを（　　）。
　　1　恐れがある　　2　禁じえない　　3　ざるを得ない　　4　ありえない

（8）僕は生まれ（　　）、耳に障害を持っている。
　　1　かねて　　　　2　かねないで　　3　ながらに　　　4　ばかりに

（9）みんなが6時集合だと言っているんだから、あえて確認する（　　）よ。
　　1　までもない　　2　ことだ　　　　3　かねない　　　4　ようがない

（10）今日ランチをした店は、量が多いことで有名で、私は半分ぐらい残してしまった。妻（　　）、3分の1も食べられなかったのではないか。
　　1　にもかかわらず　2　に至っては　　3　すら　　　　4　どころか

(11) 今回のスピーチコンテストは、国籍（　　　）、参加できます。
　　1　に関して　　　2　次第で　　　3　とあいまって　　　4　を問わず

(12) 書道家の小林さんの字は、字体の美しさ（　　　）、流れるような筆さばきがさすがだと思わせる。
　　1　にしてみれば　　2　にひきかえ　　3　はもとより　　4　にかけて

(13) 大学時代に研究のいろはを教えてくださった恩師が亡くなるなんて、悲しみ（　　　）。
　　1　を禁じえない　　2　に相違ない　　3　しまつだ　　4　ものではない

(14) この辺りは、違法駐車が多いと指摘されているが、集合住宅周辺（　　　）、緊急時に救急車が通れないほどだ。
　　1　さえ　　2　に至っては　　3　の末に　　4　をはじめ

問題2　次の文の＿★＿に入る最もよいものを、1・2・3・4から一つ選びなさい。

(5点×6問＝30点)

(15) 中区では、8月に＿＿＿＿　＿＿＿＿　★　＿＿＿＿、大勢の人で賑わう。
　　1　夏祭りが　　2　昔ながらの　　3　行われ　　4　盆踊りと

(16) 信号が青になったのに気づかず、＿＿＿＿　★　＿＿＿＿　＿＿＿＿後ろの車にクラクションを鳴らされた。
　　1　「早くしろ」　　2　打っていたら　　3　携帯メールを　　4　と言わんばかりに

(17) ＿★＿　＿＿＿＿　＿＿＿＿　＿＿＿＿、1時間おきに病院に電話を入れている。
　　1　ものだから　　2　病状が　　3　心配な　　4　父の

(18) 10万円ぐらいなら、＿＿＿＿　＿＿＿＿　★　＿＿＿＿約束ができますか。
　　1　貸せない　　2　返せる　　3　確実に　　4　ものでもないですが

(19) あと2、300メートルで着きます＿＿＿＿　＿＿＿＿　＿＿＿＿　★　よ。
　　1　走って　　2　から　　3　行く　　4　までもありません

(20) 私がアルバイトをしている＿＿＿＿　＿＿＿＿　★　＿＿＿＿、平日も客が大勢訪れる。
　　1　ただ　　2　レストランは　　3　のみならず　　4　土日

ユニット3 ポイントを整理しよう

正解 下の解答で答え合わせをし、46ページの□に点数を書きましょう。

問題1
(1) 4　(2) 2　(3) 1　(4) 3　(5) 1　(6) 4　(7) 2
(8) 3　(9) 1　(10) 2　(11) 4　(12) 3　(13) 1　(14) 2

ポイント 下の表は、それぞれの問題を解くために必要な文法の解説です。間違えた問題や、理解していなかったと思う問題の□に✔を書き、解説を何度も読んで、理解しましょう。

問題	解説	
□ (1) □ (18)	**Aものでもない**：全くAわけでもない／Aする可能性もある ＊Aは動詞の「ない形」。 例）休日出勤しろと言われれば、しない<u>ものでもない</u>が、手当はきちんともらえるのだろうか。	
□ (2) □ (12)	**Aはもとより、B**：Aはもちろん、B ＊Aは名詞。 ＊書き言葉。 例）和食は味<u>はもとより</u>、見た目の美しさを追求した芸術的なものだと思う。	
□ (3) □ (11)	**Aを問わず、B**（N2）：Aに関係なく、B ＊Aは「性別」「国籍」「年齢」「多少」「大小」などの名詞。 ＊「Aにかかわらず、B」も同じ意味。 例）ソフトバレーボールは、年齢<u>を問わず</u>、楽しめるスポーツの一つだ。	
□ (4) □ (20)	**ただAのみならず、B**：ただAだけではなく、B ＊Aは動詞、イ形容詞の「普通形」、ナ形容詞「である」、名詞。 ＊書き言葉。 例）スポーツジムには<u>ただ</u>若者<u>のみならず</u>、定年退職したであろう年配の方々が大勢いる。	

| 力試しテスト | → | ポイントを整理しよう | → | 使えるようになろう | → | 確認問題 |

問題2

(15) 1　中区では、8月に昔ながらの 盆踊りと ★夏祭りが 行われ、大勢の人で賑(にぎ)わう。

(16) 2　信号が青になったのに気づかず、携帯メールを ★打っていたら、「早くしろ」と言わんばかりに後ろの車にクラクションを鳴らされた。

(17) 4　★父の 病状が 心配な ものだから、1時間おきに病院に電話を入れている。

(18) 3　10万円ぐらいなら、貸せない ものでもないですが ★確実に 返せる約束ができますか。

(19) 4　あと2、300メートルで着きますから 走って 行く ★までもありませんよ。

(20) 4　私がアルバイトをしているレストランは ただ ★土日 のみならず、平日も客が大勢訪れる。

The table below explains the grammar required to answer the questions. Check the box for questions that you got wrong or those that you don't think you understood and read over the explanations a number of times to make sure you understand them.
下表是为解答各类语法问题所作的解释和说明。请在容易做错的问题或者尚未理解的问题前的小方框□内划レ记号，然后反复阅读解说，直至理解。
아래의 표는 각각의 문제를 풀기 위해, 필요한 문법 해설입니다. 틀린 문제나 이해가 안 되는 문제는 □안에 レ라고 표시한 후에, 해설을 반복해서 읽고, 이해합시다.

Explanation	解说	해설
Does not mean that it is not A at all/A is also a possibility *A is the *nai*-form of the verb.	并非完全不A／有A的可能性 *A 使用动词的"ない形"。	전혀 A는 아니다 / A할 가능성도 있다 * A는 동사의「ない형」.
Of course A but also B *A is a noun. *This is a written expression.	A 就不用说了，B 也 *A 使用名词。 * 书面用语。	A는 물론, B * A는 명사. * 문어체.
Regardless of A, B *A is a noun such as「性別」,「国籍」,「年齢」,「多少」or「大小」. *This has the same meaning as「Aにかかわらず、B」.	与A无关，B *A 使用表示「性別」「国籍」「年齢」「多少」「大小」等名词。 * 与「Aにかかわらず、B」的意思相同。	A에 관계없이, B * A는「性別」「国籍」「年齢」「多少」「大小」등의 명사. *「Aにかかわらず、B」도 같은 의미.
Not just A but also B *A can be the plain form of the verb or an *i*-adjective, a *na*-adjective「である」or a noun. *This is a written expression.	不仅A，B也 *A 使用动词、イ形容词的"普通形"、ナ形容词"である"、名词。 * 书面用语。	단지 A뿐만 아니라, B * A는 동사, イ형용사의「보통형」, ナ형용사「である」, 명사. * 문어체.

☐ (5) ☐ (17)	**Aものだから（、B）**（N2）：Aので、B ＊Aは動詞、イ形容詞の「普通形」、ナ形容詞「〜な」、名詞「＋な」。 ＊丁寧に理由を述べたい時や言い訳をしたい時に使われることが多い。 ＊会話では、「Aもんだから、」（例2）、「Aもん。」（例3）となることが多い。 例1）初めて作った<u>ものですから</u>、自信がありませんが、召し上がってみてください。 例2）仕事がたまっていた<u>もんだから</u>、約束の時間に遅れてしまった。 例3）「どうしてそんなにシャツが汚れてるの。」「だって、転んじゃったん<u>だもん</u>。」	
☐ (6) ☐ (16)	**Aと(言わん)ばかりにB**：Aと言うような様子で、B ＊Aは「普通形」や「命令形」「て（ください）」などの表現。 例）ペットのココちゃんのお気に入りの場所に座っていたら、そこは俺（おれ）の場所だ<u>とばかりに</u>にらまれた。	
☐ (7) ☐ (13)	**Aを禁じえない**：Aという感情が出るのを我慢できない ＊Aは「悲しみ」「怒り」「同情」「涙」などの名詞。 例）子供が土足のまま、電車のいすに立っているのに、母親は知らんぷりで友達と話に夢中になっている。全く怒り<u>を禁じえない</u>。	
☐ (8) ☐ (15)	**Aながらに(の)、B**：Aという状態のまま、B／AからあるB ＊「生まれながら(に)」「涙ながらに」「昔ながらの＋名詞」の3表現を覚えておくとよい。 例）祖父は悲惨な戦争体験を涙<u>ながらに</u>語ってくれた。	
☐ (9) ☐ (19)	**Aまでもない**：Aする必要がない／Aしなくてもいい ＊Aは動詞の「辞書形」。 例）この程度の問題なら、自分で解けるから、先生に教えていただく<u>までもない</u>。	
☐ (10) ☐ (14)	**Aに至っては、B**：特にAの場合は、B ＊Aは名詞。 ＊Bは良くない様子、状況。 例）夏休み中、海の家は海水浴客で賑（にぎ）わう。お盆休み<u>に至っては</u>、アルバイトの僕らは休憩を取る時間もないほどだ。	

Because of A, B *A is the plain form of the verb or an *i*-adjective, a *na*-adjective「〜な」or a noun「＋な」. *This is frequently used when stating a reason politely or when making an excuse. *In conversation, this frequently becomes「Aもんだから、」(例2) or「Aもん。」(例3).	因为A，所以B *A使用动词、イ形容词的"普通形"、ナ形容词"〜な"、名词"＋な"。 *想认真阐述理由或想进行辩解时常使用这个句型。 *会话中常用作「Aもんだから、」(例2)、「Aもん。」(例3)。	A기 때문에, B *A는 동사, イ형용사의「보통형」, ナ형용사「〜な」, 명사「＋な」. *정중히 이유를 말할 때나 변명하고 싶을 때 많이 사용된다. *회화에서는「Aもんだから、」(例2),「Aもん。」(例3) 의 형태로 많이 쓰인다.
As if to say A, B *A is an expression with the plain or imperative「て(ください)」form of the verb or the plain form of an *i*-adjective, a *na*-adjective or a noun.	似乎以A的样子，B *A使用"普通形"或"命令形"、"て(ください)"等。	A라고 말하는 것 같은 모양·모습으로, B *A는「보통형」이나「명령형」「て(ください)」등의 표현.
Feeling A cannot be stopped *A is a noun such as「悲しみ」,「怒り」,「同情」and「涙」.	忍不住产生A这样的感情 *A使用「悲しみ」「怒り」「同情」「涙」等名词。	A라는 감정이 드러나는 것을 참을 수 없다 *A는「悲しみ」「怒り」「同情」「涙」등의 명사.
Continuously in state A, B/Since A, B *It is a good idea to remember these 3 expressions:「生まれながら(に)」,「涙ながらに」and「昔ながらの＋noun」.	保持A的原状态，B／有A这种状态的B。 *牢记「生まれながら(に)」、「涙ながらに」、「昔ながらの＋名词」的这三种表现。	A라는 상태 그대로, B／A부터 있는 B *「生まれながら(に)」「涙ながらに」「昔ながらの＋명사」의 3가지 표현을 기억해 두면 좋다.
It is not necessary to A/You don't have to A *A is the dictionary form of the verb.	不必A／不A也可以 *A使用动词的"辞书形"。	A할 필요가 없다／A하지 않아도 좋다 *A는 동사의「사전형」.
In particular A, B *A is a noun. *B is a bad condition or situation.	特别是A这样的情况，B *A使用名词。 *B多为不好的的倾向、状况。	특히 A의 경우는, B *A는 명사. *B는 안 좋은 상태, 상황.

ユニット3 使えるようになろう

書き換えよう　例のように、書き換えるところに＿＿を引き、□の中から適当な言葉を選んで書き換えましょう。例を入れて、全部で9こあります。

（正解→57ページ）

「美」は人にとって、永遠のテーマである。最近は<u>ただ女性だけでなく</u>、男性も美しさを

　　　　　　　　　　　　　　　　　　　　　　　例）ただ女性のみならず

求めて、努力を惜しまない。見た目が何より重要と言うかのように、男性用美容商品が続々

と発売されている。最近では、整髪料、化粧水の使用はもちろん、特に、高校生、大学生の

場合は、髪をヘアピンでとめて、まるで女の子がするようなヘアスタイルで登校する者も多

い。きれいでありたいという欲求は性別に関係なく、誰しもが持っているものだと思うが、

このままでは、日本の男性は、ますます女性化していくのではないかと心配の気持ちを我慢

できない。異性にもてるために、美しくなりたいという気持ちはわからないわけでもないが、

「男子たる者、外見など気にせず男らしくあれ」という昔からある言葉を忘れないでほしい。

外見より中身を磨くことが大切なのは言う必要がないことだ。

| を禁じえない　　に至っては　　はもとより　　までもない　　ただ〜のみならず |
| と言わんばかりに　　ながらの　　ないものでもない　　を問わず |

| 力試しテスト | ポイントを整理しよう | 使えるようになろう | 確認問題 |

自分を表現しよう

次の質問に、あなたのことやあなたの考えなどを答えましょう。例のように〈　　〉内の文法を使いましょう。　（解説→ 57 ページ）

1）（年齢／国籍／性別／時間）に関係なくできることについて、教えてください。
　〈Aを問わず、B〉　例）こちらのスポーツジムは、年齢を問わずご利用いただけます。

_____

2）あなたの国で昔から変わらず続いている文化、習慣などを教えてください。
　〈昔ながらの〉　例）岐阜県にある世界遺産、白川郷に行くと、昔ながらのいろりを使った料理を味わうことができます。

_____

3）恋人の誕生日を忘れていた言い訳をどのようにしますか。
　〈Aものだから〉　例）ごめん、最近忙しかったもんだから。

_____

4）よくわかっている（知っている）から、聞かなくてもいいことがあれば、教えてください。
　〈Aまでもない〉　例）駅までの行き方は、よく知っているから、人に聞くまでもありません。

_____

5）100万円もらえたら、してあげてもいいと思うことを教えてください。
　〈Aものでもない〉　例）100万円くれるなら、携帯の電話番号を教えてあげないものでもないけど。

_____

6）特に土日の場合は、平日より程度が上がるものについて教えてください。
　〈Aに至っては、B〉　例）このゴルフ場は普段から利用者が多いですが、土日に至っては人で溢れています。

_____

ユニット3

こんな時どう言う？（ロールプレイ）

AさんとBさんになって会話をします。まず、□の文章を読んで、このユニットで習った文法を使って、AさんとBさんの会話文を考えましょう。その後、ヒントを参考にして、下の会話文を完成させましょう。

（解答例→58ページ）

Aさん：BさんとCさんの友達	Bさん：AさんとCさんの友達
あなたは友達のCさんがお金に困っていると聞きました。まずそのことをBさんに伝えましょう。Cさんは親からお金を借りるらしいです。Bさんがお金を貸してもいいと言ったら、そのことを伝えて、貸す必要がないと言いましょう。	Aさんから友達のCさんがお金に困っているという話を聞きます。あなたは、Cさんから頼まれれば、しかたないから、お金を貸してもいい（貸さないわけでもない）と思っていることをAさんに伝えましょう。

＜会話文＞

A：Cさん、お金に困っているみたいだね。

B：そうだね。頼まれれば、＿＿＿＿＿＿＿＿＿＿

＿＿＿＿＿＿＿＿＿＿＿＿＿＿＿＿＿＿＿＿けど。

　　　　　　　　　ヒント→「しかたがないから、貸してあげてもいい」という時、何と言う？

A：いや、親に借りると言っていたから、＿＿＿＿＿＿

＿＿＿＿＿＿＿＿＿＿＿＿＿＿＿＿＿＿＿＿よ。

　　　　　　　　　ヒント→「しなくても十分だ」「する必要はない」と言いたい時、どんな文法を使う？

B：それなら、大丈夫だね。

| 力試しテスト | → | ポイントを整理しよう | → | 使えるようになろう | → | 確認問題 |

練習しよう

Aさんと会話をします。あなたはBさんです。Aさんが①～③のように言ったら、例のように〈　〉内の文法を使って、答えましょう。Cさんには、友達の名前を入れて考えてみましょう。（解答例→59ページ）

例）〈Aみたいだ〉
① A：Cさんを探しているんですが、どこかで見ませんでしたか。
→ B：もう帰ってしまったみたいですね。
② A：あそこ、見てください。大勢人が集まっていますよ。
→ B：何かやっているみたいですね。
③ A：Cさん、会社を早退しちゃったね。元気、なかったなあ。
→ B：体調が悪いみたいだね。

1）〈Aものでもない〉
① A：ごめん、1,000円でいいから、もう1回だけ貸して。
→ B：

② A：絶対に事故を起こしたりしないから、車、貸してくれない？
→ B：

③ A：この前のこと、まだ怒ってる？　いい加減許してよ。
→ B：

2）〈Aを問わず、B〉
① A：アルバイトをしたいんですけど、日本人じゃないとだめですか。
→ B：

② A：この服は、女性用ですか。
→ B：

③ A：この漫画1冊だけなんですけど、買い取ってもらえますか。
→ B：

ユニット3

3）〈Aものだから。(Aもん。)〉
① A：すみません、禁煙席にかえていただけませんか。
→ B：

② A：パンツ1枚でうろうろしないでよ。
→ B：

③ A：いい加減にしてよ。今何時だと思ってるの。
→ B：

4）〈Aと(言わん)ばかりにB〉
① A：Bさん、さっき山本先生に本で頭、たたかれてたね。
→ B：

② A：ペットショップがあるよ。わあ、この犬、かわいい。しっぽ、ふってるよ。
→ B：

③ A：C先輩って、こわいよね。よくにらまれるんだよなあ。
→ B：

5）〈Aまでもない〉
① A：Cさんに飲み会のこと、知らせなくていいんですか。
→ B：

② A：100円拾ったんだけど、警察に届けるべきかな？
→ B：

③ A：子供が少し咳をしているんだけど、病院に連れて行ったほうがいいかな。
→ B：

「使えるようになろう」正解・解答例・解説

書き換えよう

「美」は人にとって、永遠のテーマである。最近は<u>ただ女性だけでなく</u>、男性も美しさを求めて、
　　　　　　　　　　　　　　　　　　　　　　　　例）ただ女性のみならず

努力を惜（お）しまない。見た目が何より重要<u>と言うかのように</u>、男性用美容商品が続々と発売されてい
　　　　　　　　　　　　　　　　　　と言わんばかりに

る。最近では、整髪料（せいはつりょう）、化粧水の使用<u>はもちろん</u>、特に、<u>高校生、大学生の場合は</u>、髪をヘアピン
　　　　　　　　　　　　　　　　　　　はもとより　　　　　　高校生、大学生に至っては

でとめて、まるで女の子がするようなヘアスタイルで登校する者も多い。きれいでありたいという

欲求は性別<u>に関係なく</u>、誰しもが持っているものだと思うが、このままでは、日本の男性は、ます
　　　　　を問わず

ます女性化していくのではないかと心配の気持ち<u>を我慢できない</u>。異性にもてるために、美しくな
　　　　　　　　　　　　　　　　　　　　　　　を禁じえない

りたいという気持ちはわからないわけでもないが、「男子たる者、外見など気にせず男らしくあれ」
　　　　　　　　　　　　　ないものでもない

という<u>昔からある</u>言葉を忘れないでほしい。外見より中身を磨（みが）くことが大切なのは言う<u>必要がない</u>
　　　　昔ながらの　　　　　　　　　　　　　　　　　　　　　　　　　　　　　　　までもない

ことだ。

自分を表現しよう

1）他に「国際交流パーティーには国籍を問わず、参加していただけます」のように使われる。	This is also used as in「国際交流パーティーには国籍を問わず、参加していただけます」.	其他还有,「国際交流パーティーには国籍を問わず、参加していただけます」这样用法。	ユ 외에「国際交流パーティーには国籍を問わず、参加していただけます」와 같이 사용된다.
2）「昔ながらの＋名詞」という形で使われ、「昔から変わらず続いている」という意味。	The form「昔ながらの＋noun」is used meaning continuing unchanged from long ago.	使用「昔ながらの＋名詞」这种形式,表示的意思是"从过去到现在一直没变仍在持续"。	「昔ながらの＋명사」라는 형태로 사용되어, <옛날부터 변함없이 계속되고 있다> 라는 의미.
3）例えば、「ごめん、急に出張が入ったもんだから」などがある。	For example,「ごめん、急に出張が入ったもんだから」.	比如,还有「ごめん、急に出張が入ったもんだから」等说法。	예를 들면,「ごめん、急に出張が入ったもんだから」 등이 있다.

4）例えば、「パソコンの起動の仕方は簡単だから、人に聞くまでもありません」などがある。	For example,「パソコンの起動の仕方は簡単だから、人に聞くまでもありません」.	比如，还有「パソコンの起動の仕方は簡単だから、人に聞くまでもありません」等说法。	예를 들면,「パソコンの起動の仕方は簡単だから、人に聞くまでもありません」등이 있다.
5）「Aものでもない」で「（全く）Aわけでもない」という意味。	The form「Aものでもない」signifies that it does not mean that it is not A (at all).	使用「Aものでもない」表示"并非完全不A"的意思。	「Aものでもない」는 <（전혀）A는 아니다 > 라는 의미.
6）「Aに至っては、B」で「通常でもある程度、Bだが、特に、Aの場合は、もっとB」という意味。	「Aに至っては、B」means the usual level of B but, in particular for A, more B.	「Aに至っては、B」表示的意思是，"通常情况下是B，但是特别在A这种情况下，就更加B"。	「Aに至っては、B」는 < 평소에도 어느 정도는 B이지만, 특히, A의 경우는, 더욱 B > 라는 의미.

こんな時どう言う？（ロールプレイ）

A：Cさん、お金に困っているみたいだね。
B：そうですね。頼まれれば、<u>貸してあげないものでもない</u>けど。　　　　← 消極的に「貸してあげてもいい」という意味を表す。
A：いや、親に借りると言っていたから、<u>Bさんが貸すまでもない</u>よ。　　　　← 状況から、「貸す必要はない」という意味を表す。
B：それなら、大丈夫だね。

練習しよう

1 ）〈Ａものでもない〉
　①うーん、貸さないものでもないけど、ちゃんと返してね。
　②うーん、貸さないものでもないけど、本当に事故には気をつけてね。
　③まあ、許さないものでもないけど、二度とあんなことしないでよ。

2 ）〈Ａを問わず、Ｂ〉
　①いえ、国籍を問わず、採用しています。
　②いえ、性別を問わず、着ていただけますよ。
　③はい。冊数を問わず、買い取らせていただきます。

3 ）〈Ａものだから。（Ａもん。）〉
　①申し訳ありません。あいにく禁煙席は満席になっているものですから。
　②だって、暑いんだもん。
　③ごめん、明日ピアノのテストがあるもんだから。

4 ）〈Ａと（言わん）ばかりにＢ〉
　①うん、だまれと言わんばかりに思いっきりたたかれた。
　②僕を連れてってと言わんばかりに、ふってるね。
　③うん、話してると、「お前らうるせい」とばかりに、にらんでくるよね。

5 ）〈Ａまでもない〉
　①前に伝えてあるから、もう知らせるまでもないですよ。
　② 100 円ぐらいなら、届けるまでもないでしょう。
　③少しぐらいの咳なら、病院に連れて行くまでもないよ。

ユニット 1~3 確認問題

/100点

（2点×50問＝100点）

問題1　次の文の（　　）に入れるのに最もよいものを、1・2・3・4から一つ選びなさい。

（1）今月は予想外の出費が多く、家賃（　　）、電気代さえ払えない状況だ。
　　1　はおろか　　　　2　にしては　　　3　というのは　　　4　を問わず

（2）社長から依頼されれば、引き受けない（　　）が、本心は断りたい気持ちでいっぱいだ。
　　1　わけだ　　　　2　ものでもない　　3　ことになる　　　4　にちがいない

（3）皆様方の応援（　　）、メダルを取ることはできませんでした。ありがとうございました。
　　1　どころか　　　2　に関して　　　　3　ゆえに　　　　　4　なくして

（4）お土産を届け（　　）、おばさんの病状を聞いてきた。
　　1　つつあり　　　2　ようにも　　　　3　がてら　　　　　4　が最後

（5）あの家は長年人が住んでおらず、幽霊が出ると噂される（　　）、お化け屋敷と呼ばれている。
　　1　だけあって　　2　といっても　　　3　ことから　　　　4　かわりに

（6）隣でビルを建設している（　　）、うるさくて、勉強に集中できない。
　　1　にしては　　　2　どころではなく　3　うちに　　　　　4　ものだから

（7）今日グルメ雑誌に掲載されていたレストランへ行ってきた。一流レストラン（　　）料理とサービスを堪能でき、満足した。
　　1　ならではの　　2　に対する　　　　3　といっても　　　4　からすると

（8）現在全席埋まっておりますが、キャンセルが（　　）、ご連絡させていただきます。
　　1　出るだけでなく　2　出次第　　　　3　出ないことには　4　出て以来

（9）登山経験豊富な上園さん（　　）、冬山登山前日には眠れないほど緊張するそうだ。
　　1　はともかく　　2　どころか　　　　3　といえども　　　4　はもとより

（10）この辺りは農業が盛んだから、野菜は安いが、無農薬野菜（　　）、3割は高くなる。
　　1　からすると　　2　をめぐって　　　3　というより　　　4　ともなると

（11）開演まで時間がない。今から車を飛ばした（　　）、間に合わないだろう。
　　1　ところで　　　2　ばかりに　　　　3　ついでに　　　　4　こととて

(12) 両親の支援（　　　）、留学生活は成り立たない。
　　1　につれて　　　2　をめぐって　　　3　なくして　　　4　とあいまって

(13) ほのかに暗い照明が店内に流れるジャズ（　　　）、いいムードを作り出し、バーは恋人達で溢れている。
　　1　をおいて　　　2　ときたら　　　3　に限って　　　4　とあいまって

(14) 築50年の家屋（　　　）、あちらこちら修繕するところが出てきた。
　　1　にしてみれば　　　2　にしたがって　　　3　ゆえに　　　4　をおいて

(15) 今日引っ越し先の物件を10以上見たが、満足する（　　　）物件は一つもなかった。
　　1　に足る　　　2　ならではの　　　3　よりほかない　　　4　にあたる

(16) その漢字は能力試験N3の漢字だから、調べる（　　　）よ。僕が教えてあげるよ。
　　1　までもない　　　2　よりしかたがない　　　3　にちがいない　　　4　わけがない

(17) 娘はアレルギー体質で、卵料理（　　　）、乳製品、豚肉料理も口にすることができない。
　　1　にしたがって　　　2　はもとより　　　3　ものだから　　　4　次第で

(18) 能力試験N2の聴解なら、満点を狙えるが、N1（　　　）、日本人でも間違えるほど難しくなる。
　　1　ともなると　　　2　にあって　　　3　のくせに　　　4　くらい

(19) 震源地から100キロ離れた町でも、大きな被害が出たのだから、震源地にどれほど甚大な被害があったかは言う（　　　）。
　　1　ようがない　　　2　までもない　　　3　かねない　　　4　ほかない

(20) 真っ暗だったので、犯人の顔どころか身長（　　　）よくわからなかった。
　　1　ばかりか　　　2　にもまして　　　3　すら　　　4　だけあって

(21) 家では、犬を飼っていて、名前をテルという。テルは寂しがり屋で一度抱いた（　　　）、何度でも抱いてくれとせがんでくる。
　　1　ところで　　　2　ものの　　　3　が最後　　　4　にしては

(22) 急に子供が病気になった（　　　）、一本電話を入れることくらいできるでしょう。
　　1　というもの　　　2　からこそ　　　3　上で　　　4　にしろ

(23) 戦争で子供を亡くした老夫婦のドキュメンタリー映像を見て、涙を（　　　）。
　　1　禁じえなかった　　　2　恐れがある　　　3　あり得なかった　　　4　かねない

ユニット 1~3

(24) 産休でお休みのわか子先生（　　　）、新任のまき先生が担任となった。
　1　だからといって　　2　にかわって　　3　にもかかわらず　　4　といえば

(25) 人気歌手Ａのコンサートが東京（　　　）、名古屋、大阪、福岡などの大都市で行われる。
　1　である以上　　2　をおいて　　3　をはじめ　　4　たるもの

(26) 知らぬ土地の（　　　）、なかなか目的地にたどり着くことができなかった。
　1　こととて　　2　すえに　　3　あまり　　4　あげく

(27) 今年度は売り上げが伸びたといっても、せいぜい1割増（　　　）。
　1　どころではない　　2　といったところだ　　3　はずがない　　4　わけだ

(28) 芸能事務所の脱税が次々と明るみに出ているが、A事務所（　　　）、3億円の脱税ということだ。
　1　にもかかわらず　　2　であるからには　　3　にしてみれば　　4　に至っては

(29) 母は終戦記念日に、子供や孫たちに戦後の苦労話を涙（　　　）、語って聞かせた。
　1　がてら　　2　気味に　　3　ながらに　　4　つつ

(30) 最近、神社やお寺はただお年寄り（　　　）、パワースポットとして若者たちも大勢訪れている。
　1　のみならず　　2　といえば　　3　であるかぎり　　4　にしろ

(31) 術後間もない（　　　）、重い仕事や激しい運動は避けなければならない。
　1　上で　　2　ゆえに　　3　とはいえ　　4　かわりに

(32) このカードゲームは、年齢（　　　）、どなたにも楽しんでいただけます。
　1　はともかく　　2　を問わず　　3　において　　4　であろうと

(33) 先日買った携帯電話は、人気商品（　　　）新しくて便利な機能が満載だ。
　1　ならではの　　2　向けの　　3　にしてみても　　4　であるものの

(34) 舌が肥えていない子供に料理の評価をさせた（　　　）、味なんて、わかるわけがない。
　1　ところで　　2　うえで　　3　くせに　　4　かと思ったら

(35) 新築したばかりで、地震に見舞われるなんて、同情（　　　）。
　1　を禁じえない　　2　にちがいない　　3　わけにはいかない　　4　かねない

問題2　次の文の＿★＿に入る最もよいものを、1・2・3・4から一つ選びなさい。

(36) 孫の大地は、＿＿＿＿＿＿＿＿＿＿★＿＿＿＿＿前から動こうとしない。
　1　おもちゃ屋の　　2　言わん　　3　ばかりに　　4　買ってくれと

力試しテスト ➡ ポイントを整理しよう ➡ 使えるようになろう ➡ 確認問題

(37) 短気な＿＿＿ ＿★＿ ＿＿＿ ＿＿＿相手が泣き出すまでおさまらない。
　　1　怒り出した　　　2　兄は　　　　　　3　一度　　　　　　4　が最後

(38) 彼は聞いた＿★＿ ＿＿＿ ＿＿＿ ＿＿＿「歩く辞書」と言われている。
　　1　ことから　　　　2　ことには　　　　3　答えてくれる　　4　何でも

(39) 上司の仕事の＿＿＿ ＿＿＿ ＿★＿ ＿＿＿言えずに指示に従っている。
　　1　何も　　　　　　2　進め方に　　　　3　持ちながらも　　4　疑問を

(40) 戦時中は＿＿＿ ＿★＿ ＿＿＿ ＿＿＿満足に食べられなかった。
　　1　はおろか　　　　2　野菜　　　　　　3　さえ　　　　　　4　肉

(41) 赤ん坊が早く＿＿＿ ＿＿＿ ＿★＿ ＿＿＿大声で泣いている。
　　1　ばかりに　　　　2　言わん　　　　　3　おむつを　　　　4　かえてくれと

(42) 日本語を習っていたのは、＿＿＿ ＿＿＿ ＿＿＿ ＿★＿さえ忘れてしまった。
　　1　のこととて　　　2　20年前　　　　　3　書き方　　　　　4　ひらがなの

(43) 先週＿＿＿ ＿★＿ ＿＿＿ ＿＿＿楽しめると評判だ。
　　1　年齢を　　　　　2　公開された　　　3　問わず　　　　　4　映画は

(44) A社は＿★＿ ＿＿＿ ＿＿＿ ＿＿＿、就職希望者が殺到している。
　　1　会社　　　　　　2　信頼　　　　　　3　なので　　　　　4　に足る

(45) 息子は＿＿＿ ＿＿＿ ＿★＿ ＿＿＿同じことをしても、先生によく叱られるらしい。
　　1　目立つ　　　　　2　ものだから　　　3　クラスメートと　4　大柄で

(46) 昇任審査の＿＿＿ ＿＿＿ ＿★＿ ＿＿＿いただきますので、数日お待ちください。
　　1　させて　　　　　2　結果が　　　　　3　ご連絡　　　　　4　出次第

(47) この世界には、満足に＿＿＿ ＿★＿ ＿＿＿ ＿＿＿大勢いる。
　　1　すら　　　　　　2　子供たちが　　　3　小学校教育　　　4　受けられない

(48) 近年、神社仏閣は＿＿＿ ＿＿＿ ＿★＿ ＿＿＿パワースポットとして人気を集めている。
　　1　間でも　　　　　2　お年寄り　　　　3　若者の　　　　　4　はもとより

(49) 酔っ払っていた＿＿＿ ＿＿＿ ＿＿＿ ＿★＿はくなんて、許されることじゃないよ。
　　1　にしろ　　　　　2　つばを　　　　　3　顔に　　　　　　4　人の

(50) 初めての＿＿＿ ＿★＿ ＿＿＿ ＿＿＿背負っている以上、甘えは許されない。
　　1　名前を　　　　　2　営業　　　　　　3　会社の　　　　　4　といえども

ユニット 1～3

「確認問題」正解・解説

正解
下の解答で答え合わせをし、60ページの□に点数を書きましょう。

問題1

(1) 1　(2) 2　(3) 4　(4) 3　(5) 3　(6) 4　(7) 1　(8) 2　(9) 3　(10) 4
(11) 1　(12) 3　(13) 4　(14) 3　(15) 1　(16) 1　(17) 2　(18) 1　(19) 2　(20) 3
(21) 3　(22) 4　(23) 1　(24) 2　(25) 3　(26) 1　(27) 2　(28) 4　(29) 3　(30) 1
(31) 2　(32) 2　(33) 1　(34) 1　(35) 1

問題2

(36) 3　孫の大地は、買ってくれと 言わん ★ばかりに おもちゃ屋の前から動こうとしない。

(37) 3　短気な兄は ★一度 怒り出した が最後相手が泣き出すまでおさまらない。

(38) 2　彼は聞いた★ことには 何でも 答えてくれる ことから「歩く辞書」と言われている。

(39) 3　上司の仕事の進め方に 疑問を ★持ちながらも 何も言えずに指示に従っている。

ここを確認しよう

問題1は下の●と一致する文法形式が正解。問題2は学習した文法形式が●を満たす文になるように組み立てましょう。間違えた問題は、「ポイントを整理しよう」に戻って、もう一度確認しましょう（1 2 3 ＝ユニット番号）。

(1)(40)	● 「Aはもちろん、程度(年齢)の異なるBも」という内容。 ➡ 2 Aはおろか、Bも （1）今月は予想外の出費が多く、家賃（はおろか）、電気代さえ払えない状況だ。 　→「金額が高い家賃はもちろん、金額が安い電気代も払えない」という意味なので、「はおろか」を選ぶ。
(2)	➡ 3 Aものでもない　　「ポイントを整理しよう」で確認しましょう。
(3)(12)	● Aが名詞　● 「Aがなければ、Bない」という内容。 ➡ 1 Aなくして、B （3）皆様方の応援（なくして）、メダルを取ることはできませんでした。ありがとうございました。 　→（　）の前の「応援」は名詞で、「皆様方の応援がなければ、メダルを取ることはできない」という意味なので、「なくして」を選ぶ。
(4)	➡ 2 Aがてら、B　　「ポイントを整理しよう」で確認しましょう。

(40)	1	戦時中は肉 ★はおろか 野菜 さえ満足に食べられなかった。
(41)	2	赤ん坊が早くおむつを かえてくれと ★言わん ばかりに大声で泣いている。
(42)	3	日本語を習っていたのは、20年前 のこととて ひらがなの ★書き方さえ忘れてしまった。
(43)	4	先週公開された ★映画は 年齢を 問わず楽しめると評判だ。
(44)	2	A社は★信頼 に足る 会社 なので就職希望者が殺到している。
(45)	2	息子は大柄で 目立つ ★ものだから クラスメートと同じことをしても、先生によく叱られるらしい。
(46)	3	昇任審査の結果が 出次第 ★ご連絡 させていただきますので、数日お待ちください。
(47)	1	この世界には、満足に小学校教育 ★すら 受けられない 子供たちが大勢いる。
(48)	3	近年、神社仏閣はお年寄り はもとより ★若者の 間でもパワースポットとして人気を集めている。
(49)	2	酔っ払っていたにしろ 人の 顔に ★つばをはくなんて、許されることじゃないよ。
(50)	4	初めての営業 ★といえども 会社の 名前を背負っている以上、甘えは許されない。

In 問題1, the grammatical forms that match the descriptions marked with ● for each question are correct. In 問題2, construct the grammatical forms so that they satisfy the conditions marked with ● for each question. Go back to「ポイントを整理しよう」for any questions that you got wrong and check them over once more. (1 2 3 = Unit No.).
問題1（问题1）：和下列涂黑圈的句型一致的语法是正确答案。问题2（问题2）：运用所学过的语法排列组成满足涂黑圈句型的句子。做错了的问题请返回到「ポイントを整理しよう」，再次确认。(1 2 3 表示各单元号码)。
問題1 (문제1) 은 아래의 ●와 일치하는 문법형식이 정답. 문제2 (문제2) 는 학습한 문법형식이●를 충족하는 문장이 되도록 만듭시다. 틀린 문제는「ポイントを整理しよう」로 돌아가 다시 한번 확인 합시다. (1 2 3 = 단원 번호).

→ As this means that it is a given that you can't pay the rent (a large amount) but that you cannot pay the electricity (a small amount) either,「はおろか」is correct.	→例句的意思是，"别说是高额的房租了，就连电费那么便宜也付不起"，因此选择「はおろか」。	→ < 금액이 비싼 월세는 물론, 금액이 싼 전기 요금조차 지불할 수 없다 > 라는 의미이기 때문에「はおろか」를 선택한다.
→ As「応援」before ( ) is a noun and it means that it is not possible to win a medal without everyone's support,「なくして」is correct.	→ ( ) 前的「応援」是名词，意思是"如果没有大家的支持，是拿不到奖牌的"，因此选择「なくして」。	→ ( ) 앞의「応援」은 명사로, < 여러분들의 응원이 없다면, 메달을 딸 수 없다 > 라는 의미가 되기 때문에「なくして」를 선택한다.

ユニット 1〜3

(5)(38)
- ●「Aから、B」という内容。　●Bは「〜と呼ばれている」という表現も多い。
- ➡ 2 **Aことから、B**

（5）あの家は長年人が住んでおらず、幽霊が出ると噂される（<u>ことから</u>）、お化け屋敷と呼ばれている。
→ （　）の後に「呼ばれている」があり、「幽霊が出ると噂されるから、お化け屋敷と呼ばれている」という意味なので、「ことから」を選ぶ。

(6)(45)
- ●「Aので、B」という意味で、丁寧に理由を述べたり、言い訳をしたりする内容。
- ➡ 3 **Aものだから（、B）**

（6）隣でビルを建設している（<u>ものだから</u>）、うるさくて、勉強に集中できない。
→「ビルを建設しているので、うるさくて、勉強に集中できない」という意味なので、「ものだから」を選ぶ。

(7)(33)
- ● A B が名詞　●「A以外はできないB」という内容。
- ➡ 1 **AならではのB**

（7）今日グルメ雑誌に掲載されていたレストランへ行ってきた。一流レストラン（<u>ならではの</u>）料理とサービスを堪能でき、満足した。
→「一流レストラン」「料理とサービス」共に名詞で、「一流レストラン以外はできない料理とサービス」という意味なので、「ならではの」を選ぶ。

(8)(46)
- ● Aが動詞の「ます形」　●「AしたらすぐB」という内容。
- ➡ 1 **A次第、B**

（8）現在全席埋まっておりますが、キャンセルが（<u>出次第</u>）、ご連絡させていただきます。
→「出」は動詞の「ます形」で、「キャンセルが出たらすぐ連絡する」という意味なので、「出次第」を選ぶ。

(9)(50)
- ●「Aといっても、B」という内容。
- ➡ 2 **Aといえども、B**

（9）登山経験豊富な上園さん（<u>といえども</u>）、冬山登山前日には眠れないほど緊張するそうだ。
→「経験豊富な上園さんといっても、緊張する」という意味なので、「といえども」を選ぶ。

(10)(18)
- ● Aが「立場」「年齢」「時期」「レベル」などを表す名詞　●「Aになると、B」という内容。
- ➡ 2 **Aともなると、B**

（18）能力試験N2の聴解なら、満点を狙えるが、N1（<u>ともなると</u>）、日本人でも間違えるほど難しくなる。
→「N1」はレベルを表す名詞で、「N1というレベルになると、日本人でも間違えるほど難しい」という意味なので、「ともなると」を選ぶ。

→ As「呼ばれている」comes after ( ) and it means that because there are rumours that ghosts appear, it is called the haunted house,「ことから」is correct.	→（ ）的后边是「呼ばれている」，意思是"因为传闻有幽灵出没，所以被称作鬼屋"，因此选择「ことから」。	→（ ）뒤에는「呼ばれている」가 있어서, <유령이 나온다는 소문이 있어서, 유령 저택이라고 불리고 있다> 라는 의미가 되기 때문에「ことから」를 선택한다.
→ As it means that because of the noise of a building being constructed, you can't concentrate on your studying,「ものだから」is correct.	→意思是"因为正在建设大楼，很吵，所以不能专心学习"，因此选择「ものだから」。	→ <빌딩을 건설하고 있기 때문에 시끄러워서 공부에 집중할 수 없다> 라는 의미이기 때문에「ものだから」를 선택한다.
→ As both「一流レストラン」and「料理とサービス」are nouns and it means that this level of cuisine and service is only possible at a top restaurant,「ならではの」is correct.	→「一流レストラン」和「料理とサービス」都是名词，意思是"只有一流餐厅才能做出的菜和提供的服务"，因此选择「ならではの」。	→「一流レストラン」「料理とサービス」는 둘 다 명사로, <일류 레스토랑 이외에는 할 수 없는 요리와 서비스> 라는 의미가 되기 때문에「ならではの」를 선택한다.
→ As「出」is the verb stem and it means that the person will contact you as soon as there is a cancellation,「出次第」is correct.	→「出」是动词的"ます形"，意思是"如果有人取消的话，就马上跟您联系"，因此选择「出次第」。	→「出」는 동사의「ます형」으로, <캔슬이 나오면 즉시 연락하겠다> 라는 의미가 되기 때문에「出次第」를 선택한다.
→ As it means that even though Mr Uezono is very experienced, he gets nervous,「といえども」is correct.	→意思是"即使是经验丰富的上园先生也感到紧张"，选择「といえども」。	→ <경험이 풍부한 우에조노씨라도 긴장한다> 라는 의미이기 때문에「といえども」를 선택한다.
→ As「N1」is a noun that signifies the level and it means that when it comes to the level of N1, it is so difficult that even Japanese people make mistakes,「ともなると」is correct.	→「N1」是表示能力和水平的名词，意思是"到了N1这个程度，难得连日本人也会出错"，因此选择「ともなると」。	→「N1」는 레벨을 나타내는 명사로, <N1 라는 레벨이 되면, 일본인이라도 틀릴 정도로 어렵다> 라는 의미가 되기 때문에「ともなると」를 선택한다.

ユニット 1~3

(11)(34)	● Aが動詞の「た形」　●「Aても、B」という内容。 ➡ **1** Aところで、B
	(11) 開演まで時間がない。今から車を飛ばした（ところで）、間に合わないだろう。 　→（　）の前の「飛ばした」は動詞の「た形」で、「車を飛ばしても、間に合わない」という意味なので、「ところで」を選ぶ。
(13)	➡ **2** AがBとあいまって、C　　「ポイントを整理しよう」で確認しましょう。
(14)(31)	● Aが名詞　●「Aために（が原因で）、B」という内容。 ➡ **1** Aゆえに、B
	(14) 築50年の家屋（ゆえに）、あちらこちら修繕するところが出てきた。 　→（　）の前の「家屋」は名詞で、「家が作られて50年経ったのが原因で、修繕するところが出てきた」という意味なので、「ゆえに」を選ぶ。
(15)(44)	● Aが動詞の「辞書形」か名詞で、Bが名詞　●「Aに値するB」という内容。 ➡ **2** Aに足るB
	(15) 今日引っ越し先の物件を10以上見たが、満足する（に足る）物件は一つもなかった。 　→（　）の前の「満足する」は動詞の「辞書形」で、「満足するに値する物件」という意味なので、「に足る」を選ぶ。
(16)(19)	● Aが動詞の「辞書形」　●「Aする必要がない」という内容。 ➡ **3** Aまでもない
	(19) 震源地から100キロ離れた町でも、大きな被害が出たのだから、震源地にどれほど甚大な被害があったかは言う（までもない）。 　→（　）の前の「言う」は動詞の「辞書形」で、「言う必要はない」「言わなくてもいい」という意味なので、「までもない」を選ぶ。
(17)(48)	● Aが名詞　●「Aはもちろん、B」という内容。 ➡ **3** Aはもとより、B
	(17) 娘はアレルギー体質で、卵料理（はもとより）、乳製品、豚肉料理も口にすることができない。 　→（　）の前の「卵料理」は名詞で、「卵料理はもちろん、乳製品…も」という内容なので、「はもとより」を選ぶ。
(20)(47)	● Aは名詞、Bは動詞の否定　●「Aさえ（も）Bない」という内容。 ➡ **1** AすらB
	(20) 真っ暗だったので、犯人の顔どころか身長（すら）よくわからなかった。 　→「犯人の顔はもちろん、もっと見分けるのが簡単な身長さえわからなかった」という意味なので、「すら」を選ぶ。

→ As 「飛ばした」 before ( ) is the –ta form of the verb and it means that even if you drive fast, you won't be on time, 「ところで」 is correct.	→( )前的「飛ばした」是动词的"た形"，意思是"就是让车飞起来，也赶不上"，因此选择「ところで」。	→ ( ) 앞의 「飛ばした」 는 동사의 「た형」 으로, <차 속도를 내도 늦는다> 는 의미가 되기 때문에 「ところで」 를 선택한다.
→ As 「家屋」 before ( ) is a noun and it means that because of the fact that the house was built 50 years ago, there are things that need repaired, 「ゆえに」 is correct.	→( ) 前的「家屋」是名词，意思是"房子已经建了50年了，所以有的地方要修理了"，因此选择「ゆえに」。	→ ( ) 앞의 「家屋」 는 명사로, <집을 지은 지 50년이 지나서, 수리할 곳이 생겼다> 라는 의미가 되기 때문에 「ゆえに」 를 선택한다.
→ As 「満足する」 before ( ) is the dictionary form of the verb and it means a property that is worthy of your satisfaction, 「に足る」 is correct.	→( )前的「満足する」是动词的"辞书形"，意思是"值得让人满意的房子"，因此选择「に足る」。	→ ( ) 앞의 「満足する」 는 동사의 「사전형」 으로, <만족할 가치가 있는 부동산> 이라는 의미가 되기 때문에 「に足る」 를 선택한다.
→ As 「言う」 before ( ) is the dictionary form of the verb and it means that it is not necessary to say it or you don't have to say it, 「までもない」 is correct.	→ ( ) 前的 「言う」是动词的"辞书形"，意思是"没有必要说"、"不说也可以"，因此选择「までもない」。	→ ( ) 앞의 「言う」 는 동사의 「사전형」 으로, <말할 필요는 없다>, <말 안 해도 좋다> 라는 의미가 되기 때문에 「までもない」 를 선택한다.
→ As 「卵料理」 before ( ) is a noun and the sentence contains the phrase that of course (she cannot eat) eggs but (she cannot eat) dairy products...either, 「はもとより」 is correct.	→ ( ) 前的 「卵料理」是名词，内容是"别说用鸡蛋做的菜了，就连乳制品也…"，因此选择「はもとより」。	→ ( ) 앞의 「卵料理」 는 명사로, <달걀요리는 물론, 유제품…도> 라는 내용이기 때문에 「はもとより」 를 선택한다.
→ As this means that you couldn't even see how tall the perpetrator was (which should have been easy to make out), never mind his face, 「すら」 is correct.	→意思是"别说犯人的长相，就连很容易辨认的身高也没看清楚"，因此选择「すら」。	→ <범인의 얼굴은 물론, 더 간단히 분간할 수 있는 키조차 몰랐다> 라는 의미이기 때문에 「すら」 를 선택한다.

ユニット 1~3

(21) (37)	● Aが動詞の「た形」　●「もしAたら、B（大変な結果）」という内容。 ➡ **1 Aが最後、B**： (21) 家<ruby>うち</ruby>では、犬を飼っていて、名前をテルという。テルは寂しがり屋で一度抱いた（<u>が最後</u>）、何度でも抱いてくれとせがんでくる。 　→（　）の前の「抱いた」は動詞の「た形」で、「もし一度抱いたら、終わりで、何度でも抱いてくれとせがまれるという大変な結果になる」という意味なので、「が最後」を選ぶ。
(22) (49)	●「Aても（でも）」という内容。 ➡ **1 Aにしろ、B** (22) 急に子供が病気になった（<u>にしろ</u>）、一本電話を入れることくらいできるでしょう。 　→「急に子供が病気になっても、一本電話を入れることくらいできる」という意味なので、「にしろ」を選ぶ。
(23) (35)	● Aが「悲しみ」「怒り」「同情」「涙」などの名詞 ●「Aという感情が出るのを我慢できない」という内容。 ➡ **3 Aを禁じえない** (23) 戦争で子供を亡くした老夫婦のドキュメンタリー映像を見て、<u>涙</u>を（<u>禁じえなかった</u>）。 　→（　）の前が「涙」という名詞で、「涙が出るのを我慢できない」という意味なので、「禁じえなかった」を選ぶ。
(24)	➡ **1 Aにかわって、B**　「ポイントを整理しよう」で確認しましょう。
(25)	➡ **2 Aをはじめ、B**　「ポイントを整理しよう」で確認しましょう。
(26) (42)	●「Aので、B」という内容。 ➡ **1 Aこととて、B** (26) 知らぬ土地の（<u>こととて</u>）、なかなか目的地にたどり着くことができなかった。 　→「知らぬ土地のことなので、目的地にたどり着くことができない」という意味なので、「こととて」を選ぶ。
(27)	➡ **2 Aといったところだ**　「ポイントを整理しよう」で確認しましょう。
(28)	➡ **3 Aに至っては、B**　「ポイントを整理しよう」で確認しましょう。
(29)	➡ **3 Aながらに（の）、B**　「ポイントを整理しよう」で確認しましょう。
(30)	➡ **3 ただAのみならず、B**　「ポイントを整理しよう」で確認しましょう。

→ As 「抱いた」 before ( ) is the *-ta* form of the verb and it means that if you hug him even once, he demands that you hug him over and over again which is a disastrous result, 「が最後」 is correct.	→( )前的「抱いた」是动词的"た形",意思是"如果抱过它一次,最后就会导致一个很麻烦的后果,它一直纠缠着要再多抱几次",因此选择「が最後」。	→( ) 앞의 「抱いた」는 동사의 「た형」으로, < 만약 한번 안아 주면, 결국에, 몇 번이나 안아 달라고 졸라대는 힘든 결과가 된다 > 라는 의미가 되기 때문에 「が最後」를 선택한다.
→ As it means that it doesn't matter that your child became ill suddenly, you could have managed to make one phone call, 「にしろ」 is correct.	→意思是"即使孩子突然病了,打个电话也还是能做到的",因此选择「にしろ」。	→ < 갑자기 아이가 아프더라도, 전화 한통 정도는 할 수 있다 > 라는 의미이기 때문에 「にしろ」를 선택한다.
→ As the noun 「涙」 comes before ( ) and it means that you can't stop yourself from crying, 「禁じえなかった」 is correct.	→( )前的「涙」是名词,意思是"禁不住流下了眼泪",因此选择「禁じえなかった」。	→ ( ) 앞은 「涙」 라는 명사로, < 눈물이 나오는 것을 참을 수 없다 > 라는 의미가 되기 때문에 「禁じえなかった」를 선택한다.
→ As this means that you cannot reach your destination because you are in an area that you are not familiar with, 「こととて」 is correct.	→意思是"因为是不熟悉的地方,所以到不了目的地",因此选择「こととて」。	→ < 모르는 지역이기 때문에 목적지까지 도달할 수가 없다 > 라는 의미이기 때문에 「こととて」를 선택한다.

ユニット 1~3

(32) (43)	● Aが「性別」「国籍」「年齢」「多少」「大小」などの名詞 ● 「Aに関係なく、B」という内容。 ➡ 3 **Aを問わず、B** (32) このカードゲームは、年齢（を問わず）、どなたにも楽しんでいただけます。 　→（　）の前が「年齢」という名詞で、「年齢に関係なく、どなたにも楽しんでいただけます」という意味なので、「を問わず」を選ぶ。
(36) (41)	● Aが「普通形」「命令形」「て（ください）」などの表現 ● 「Aと言うような様子で、B」という意味。 ➡ 3 **Aと（言わん）ばかりにB** (36) 孫の大地は、買ってくれと 言わん ばかりに おもちゃ屋の前から動こうとしない。 　→「言わんばかりに」の前が「買ってくれ」という「命令形」で、「買ってくれと言うような様子で、動こうとしない」という内容。
(39)	➡ 2 **Aながら（も）、B**　　「ポイントを整理しよう」で確認しましょう。

→ As the noun 「年齢」 comes before ( ) and it means that anyone can enjoy the game regardless of their age, 「を問わず」 is correct.	→ ( ) 前的「年齢」是名词, 意思是, "不管多大年龄, 任何人都可以玩儿得很高兴", 因此选择「を問わず」。	→ ( ) 앞은 「年齢」이라는 명사로, <연령에 관계없이, 어느 분이라도 즐길 수 있습니다> 라는 의미가 되기 때문에 「を問わず」를 선택한다.
→ As the imperative form 「買ってくれ」 comes before 「言わんばかりに」, it means that he won't move as if to say 'buy it!'.	→ 「言わんばかりに」前面的「買ってくれ」是"命令形", 表示的内容是"满脸现出一副快给我买的神情, 根本不打算动"。	→ 「言わんばかりに」의 앞은 「買ってくれ」라는 「명령형」으로, <사 달라고 하는 것 같은 모습으로, 움직이려고 하지 않는다> 라는 내용.

覚えた文法で
文を
書いてみよう

日本語能力試験
レベルアップトレーニング
文法

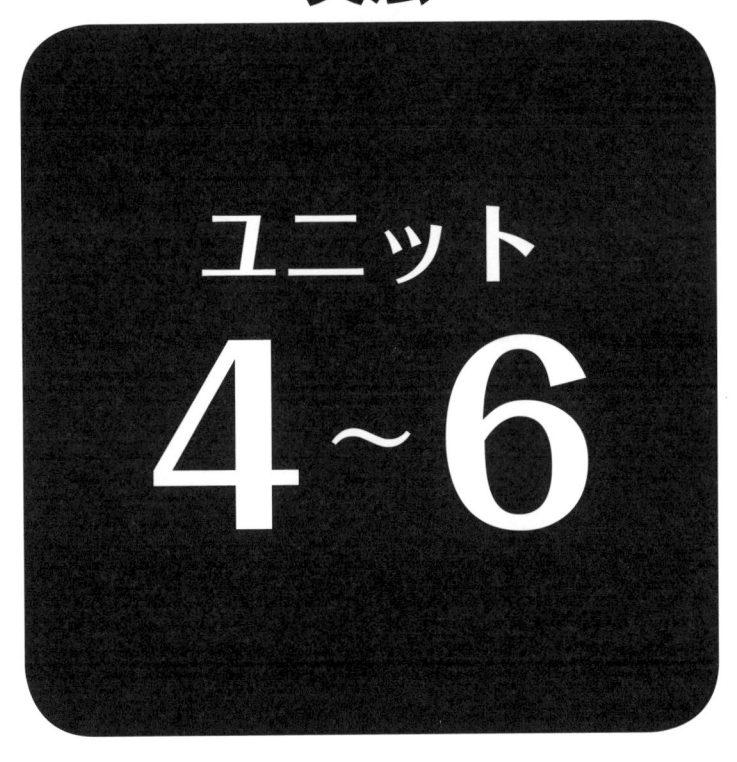

ユニット 4~6

8～11ページの「本書の使い方」をよく読んでから、各ユニットの学習を始めましょう。

Start the exercises in each unit after reading How to use this Book on pages 8 – 11.

请仔细阅读完从第 8 页到第 11 页的"本书的使用方法"之后，再进入到各单元的学习。

8～11p 의 < 이 책의 사용 방법 > 을 잘 읽은 다음 , 각 단원의 학습을 시작합시다 .

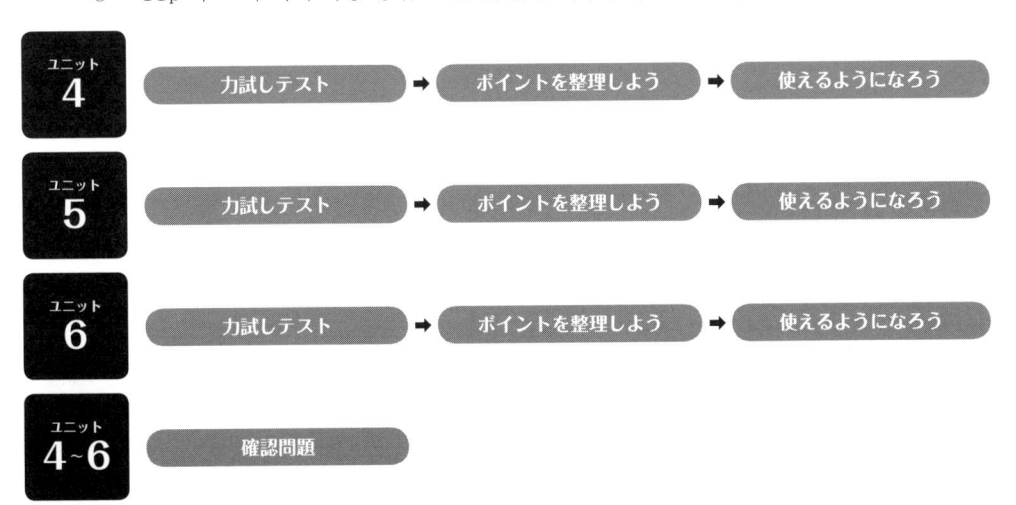

ユニット 4	力試しテスト → ポイントを整理しよう → 使えるようになろう
ユニット 5	力試しテスト → ポイントを整理しよう → 使えるようになろう
ユニット 6	力試しテスト → ポイントを整理しよう → 使えるようになろう
ユニット 4~6	確認問題

ユニット4 力試しテスト　　□/100点

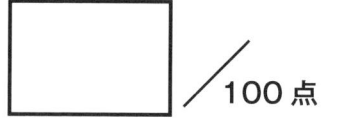

問題1　次の文の（　）に入れるのに最もよいものを、1・2・3・4から一つ選びなさい。
（5点×14問＝70点）

（1）マナーの悪い子供の増加には親のしつけの怠慢が深く関わっているのでは（　　　）。
　　1　あるまいし　　2　あるまいか　　3　ないはずだ　　4　ないだろう

（2）今朝は朝寝坊したので、パン（　　　）、コーヒー1杯さえ飲む時間がなかった。
　　1　どころか　　2　にもかかわらず　　3　にしてみれば　　4　のくせに

（3）何にも考えていないようで、息子は息子（　　　）、家族のことを心配していたようだ。
　　1　といえば　　2　だからといって　　3　なりに　　4　をおいて

（4）母は私達と同居を始めて（　　　）、家事など一切しなくなってしまった。
　　1　たまらなく　　2　以上　　3　上で　　4　からというもの

（5）先取点を取ったので、勝利する（　　　）、終盤で逆転されてしまった。
　　1　かと思いきや　　2　なり　　3　上で　　4　とたんに

（6）能力試験の結果（　　　）、これからの勉強法を考える。
　　1　とあいまって　　2　をふまえて　　3　とみえて　　4　とあって

（7）父は機械が苦手で、携帯メール（　　　）満足に送れない。
　　1　に向かって　　2　が早いか　　3　さえ　　4　たりとも

（8）自転車でヘルメットをしていなかった（　　　）、転んだ時、頭にけがをしてしまった。
　　1　ついでに　　2　ばかりに　　3　からには　　4　にしては

（9）犯罪率の上昇には景気の悪化が影響している（　　　）。
　　1　ほかない　　　　　　　　　　2　どころではない
　　3　わけにはいかない　　　　　　4　のではあるまいか

（10）二度の失敗を経て、志望大学に合格できて、うれしい（　　　）。
　　1　たまらない　　2　といったらない　　3　わけがない　　4　かねない

76

| 力試しテスト | → | ポイントを整理しよう | → | 使えるようになろう | → | 確認問題 |

(11) 試合に負けたからといって、いつまでも落ち込む必要はない。俺（おれ）たち（　　　）、一生懸命（けんめい）頑張（がんば）ったじゃないか。
　　1　なりに　　　　2　とはいえ　　　3　のくせに　　　4　からには

(12) 現場の声（　　　）、今後の運営方法について、議論をすべきである。
　　1　をよそに　　　2　をおいて　　　3　にかけては　　4　をふまえて

(13) 弟は怠惰（たいだ）のせいで失敗し、心を入れ替えた（　　　）、相変わらずだらだらとした生活を続けている。
　　1　が最後　　　　2　かと思いきや　3　以上　　　　　4　というと

(14) 今まで全勝していたチームに1敗を喫（きっ）し、悔しい（　　　）ない。
　　1　ほかなら　　　2　はずが　　　　3　といったら　　4　ほか

問題2　次の文の＿＿★＿＿に入る最もよいものを、1・2・3・4から一つ選びなさい。

(5点×6問＝30点)

(15) 昨年、＿＿＿＿＿　＿＿＿＿＿　＿＿★＿＿　＿＿＿＿＿Aは、俳優としても活躍（かつやく）している。
　　1　のごとく　　　2　演歌歌手の　　3　彗星（すいせい）　　4　現れた

(16) 読書嫌いの息子は、新聞＿＿＿＿＿　＿＿＿＿＿　＿＿＿＿＿　＿＿★＿＿しない。
　　1　マンガ　　　　2　読もうと　　　3　さえ　　　　　4　どころか

(17) 弟は、＿＿★＿＿　＿＿＿＿＿　＿＿＿＿＿　＿＿＿＿＿している。
　　1　見事な　　　　　　　　　　　　2　プロスポーツ選手
　　3　筋肉を　　　　　　　　　　　　4　のごとく

(18) 努力を＿＿＿＿＿　＿＿★＿＿　＿＿＿＿＿　＿＿＿＿＿とどかなかった。
　　1　資格試験に　　2　怠った　　　　3　あと一歩　　　4　ばかりに

(19) 梅雨入りして＿＿＿＿＿　＿＿＿＿＿　＿＿＿＿＿　＿＿★＿＿とは反対に湿気の多い蒸し暑い日が続いている。
　　1　からっとした　2　それまでの　　3　からというもの　4　暑さ

(20) 今年に入って、就職活動を始めたが、最近は＿＿＿＿＿　＿＿＿＿＿　＿＿★＿＿　＿＿＿＿＿している。
　　1　苦戦　　　　　2　通らず　　　　3　さえ　　　　　4　書類選考

ユニット4 ポイントを整理しよう

正解
下の解答で答え合わせをし、76ページの□に点数を書きましょう。

問題1
（1）2　（2）1　（3）3　（4）4　（5）1　（6）2　（7）3
（8）2　（9）4　（10）2　（11）1　（12）4　（13）2　（14）3

ポイント
下の表は、それぞれの問題を解くために必要な文法の解説です。間違えた問題や、理解していなかったと思う問題の□に✔を書き、解説を何度も読んで、理解しましょう。

問題	解説	
□（1） □（9）	**Aのではあるまいか**：Aだろうと思う／Aのではないだろうか ＊Aは動詞、イ形容詞の「普通形」、ナ形容詞「〜な」、名詞「＋な」。 例）国民年金未納者が増えているのは、政治不信が影響している<u>のではあるまいか</u>。	
□（2） □（16）	**Aどころか、B**（N2）：①Aはもちろん、よりレベルの高い（低い）Bも（例1） 　　　　　　　　　　②（予想した）Aとは反対のBという結果（例2） ＊Aは動詞、イ形容詞の「普通形」、ナ形容詞「〜な」、名詞。 ＊①では、「Aどころか、B（名詞）さえ＋否定的内容」という形も多い（例1）。 例1）肉じゃがですか。肉じゃが<u>どころか</u>、目玉焼き<u>さえ</u>作れません。 例2）さまざまな分野でサービスの向上が叫ばれる中で、我が町の役所のサービスは、良くなる<u>どころか</u>、悪くなっているように見える。	
□（3） □（11）	**Aなりに、B**：（十分ではないが）Aに合ったやり方でB ＊Aは名詞。 例）え、まだ汚い？　私<u>なりに</u>きれいに掃除したつもりなんだけど……。	
□（4） □（19）	**Aからというもの、B**（N2）：（前とは変わって）AてからずっとB ＊Aは動詞の「て形」。 例）君に会って<u>からというもの</u>、君と付き合うにはどうしたらよいか毎日考えていたよ。	
□（5） □（13）	**Aかと思いきや、B**：Aかと思ったが、実は、B ＊Aは主に動詞の「普通形」。 例）掃除しますと言っていたから、もうすっかりきれいになった<u>かと思いきや</u>、今始めたところだという。	

| 力試しテスト | → | ポイントを整理しよう | → | 使えるようになろう | → | 確認問題 |

問題2

(15) 4　昨年、彗星(すいせい) のごとく ★現れた 演歌歌手のAは、俳優としても活躍(かつやく)している。

(16) 2　読書嫌いの息子は、新聞どころか マンガ さえ ★読もうとしない。

(17) 2　弟は、★プロスポーツ選手 のごとく 見事な 筋肉をしている。

(18) 4　努力を怠った ★ばかりに 資格試験に あと一歩（あと一歩 資格試験に）とどかなかった。

(19) 4　梅雨入りしてからというもの それまでの からっとした ★暑さとは反対に湿気の多い蒸し暑い日が続いている。

(20) 2　今年に入って、就職活動を始めたが、最近は書類選考 さえ ★通らず 苦戦している。

The table below explains the grammar required to answer the questions. Check the box for questions that you got wrong or those that you don't think you understood and read over the explanations a number of times to make sure you understand them.

下表是为解答各类语法问题所作的解释和说明。请在容易做错的问题或者尚未理解的问题前的小方框□内划上レ记号，然后反复阅读解说，直至理解。

아래의 표는 각각의 문제를 풀기 위해, 필요한 문법 해설입니다. 틀린 문제나 이해가 안 되는 문제는 □안에 レ라고 표시한 후에, 해설을 반복해서 읽고, 이해합시다.

Explanation	解说	해설
You believe that it is probably A/Isn't it probably A? *A can be the plain form of a verb or an *i*-adjective, a *na*-adjective「～な」or a noun「＋な」.	认为一定是A／难道不是A吗 *A 使用动词、イ形容词的"普通形"、ナ形容词"～な"、名词"＋な"。	A 것이라 생각한다 / A 것이 아닐까 *A는 동사, イ형용사의「보통형」, ナ형용사「～な」, 명사「＋な」.
① A is a given, but B, which is of a higher (lower) level, is also a given (例1) ② Result B as opposed to (the expected) A (例2) *A can be the plain form of a verb or an *i*-adjective, a *na*-adjective「～な」or a noun. *In ①, the form「Aどころか、B (noun) さえ＋ negative connotation」is also frequent (例1).	①岂止A，就连程度更高（低）的B也（例1） ②与预计的A相反的结果B（例2） *A 使用动词、イ形容词的"普通形"、ナ形容词"～な"、名词。 *①也常用于"Aどころか、B（名词）さえ＋否定内容"这种形式（例1）。	①A는 물론, 보다 높은 (낮은) B도 (例1) ② (예상한) A와는 반대의 B라는 결과 (例2) *A는 동사, イ형용사의「보통형」, ナ형용사「～な」, 명사. *①에서는「Aどころか、B (명사) さえ＋부정적 내용」이라는 형태가 많다 (例1).
(It is not enough but) B in A's own way *A is a noun.	A 虽然不算充分，但是，以相应A的做法，B *A 使用名词。	(충분하지는 않지만) A에 맞는 방법으로 B *A는 명사.
(In contrast to before) Since A, B *A is the –*te* form of the verb.	（与先前不一样）开始A以后一直B *A 使用动词的"て形"。	(전과는 다르게) A고 나서부터 계속 B *A는 동사의「て형」.
You thought it was A but it is actually B *A is mostly the plain form of the verb.	原以为A，其实却B *A 主要使用动词的"普通形"。	A 줄로 알았는데, 실은, B *A는 주로 동사의「보통형」.

79

ユニット4

☐ (6) ☐ (12)	**Aをふまえて、B**：Aを基礎（前提）にして、B ＊Aは名詞。 例）先輩方からいただいた助言をふまえて、練習スケジュールを立てることにした。	
☐ (7) ☐ (20)	**Aさえ、B**（N3）：AもB（だから、他はもちろんB） ＊Aは名詞。 ＊Bは否定が多いが、そうでないものもある（例2）。 ＊「A（で／に）さえ、B」となることもある（例3）。 例1）虫歯が痛くて、やわらかいパンさえかむことができない。 例2）不眠症を患い、小さい音さえ気になる。 例3）会社を辞めることは、恋人にさえ話していない。	
☐ (8) ☐ (18)	**Aばかりに、B**：Aせいで、B（悪い結果） ＊Aは動詞、イ形容詞の「普通形」、ナ形容詞「～な」がほとんど。 例）時間が足りなかったばかりに、簡単な文法問題も解くことができなかった。	
☐ (10) ☐ (14)	**Aといったらない**：ものすごくA ＊Aはイ形容詞「～い」、名詞。 ＊「Aったらない」は同じ意味の短縮形（例2）。 例1）自分で言うのも変だが、自分の部屋の汚さといったらない。 例2）30度以上あるのに、クーラーが壊れているから、暑いったらない。	
☐ (15) ☐ (17)	**Aごとく、B**：Aのように、B ＊Aは名詞「＋の」が多い。 例）13日早朝に渋川駅周辺で爆発音のごとく、すさまじい音が鳴り響きました。	

Based on (with the prerequisite) A, B *A is a noun.	以A为基础（前提），B *A 使用名词。	A를 기초 (전제) 로 하여, B * A는 명사.
Even A, B (therefore, of course others are B) *A is a noun. *B is frequently a negation but this is not always the case (例2). *This can also be「A（で／に）さえ、B」(例3).	连A也B(所以，其他的当然也是B) *A 使用名词。 *B 多使用否定形式,但也有例外(例2)。 *有时也用作"A（で／に）さえ、B"这种形式（例3）。	A도 B (때문에, 그 외에는 물론 B) * A는 명사. * B는 부정이 많지만, 그렇지 않은 것도 있다(例2). *「A（で／に）さえ、B」가 되는 것도 있다(例3).
Due to A, B (bad result) *A is almost always the plain form of a verb or an *i*-adjective or a *na*-adjective 「～な」.	由于A的原因，导致B(不好的结果) *A 使用的几乎都是动词、イ形容词的"普通形"、ナ形容词"～な"。	A기 때문에, B (나쁜 결과) * A는 동사, イ형용사의「보통형」, ナ형용사「～な」가 대부분.
Tremendously A *A can be an *i*-adjective 「～い」 or a noun. *「Aったらない」 is the abbreviated form with the same meaning (例2).	异常的A *A 使用イ形容词"～い"、名词。 *"Aったらない"是和它意思相同的简略形式（例2）。	굉장히 A * A는 イ형용사「～い」, 명사. *「Aったらない」는 같은 의미의 단축형(例2).
Like A, B *A is frequently a noun 「＋の」.	像A一样，B *A 多使用名词"＋の"的形式。	A와 같은, B * A는 명사「＋の」가 많다.

ユニット4 使えるようになろう

書き換えよう　例のように、書き換えるところに＿＿を引き、□の中から適当な言葉を選んで書き換えましょう。例を入れて、全部で8こあります。

（正解→87ページ）

　外国語で話す時、私達は二つの感覚を抱くことが多い。一つは自分が幼児化したような感覚だ。普段は興味を持つことも<u>例）さえ</u>ない質問を外国人に対して、投げかけることがある。「どんな食べ物が好きですか。」「何時に寝て、何時に起きますか。」などと聞くので、関心があるかと思ったら、実は、そんなに興味があるわけではない。ただ外国語で話したいだけなのだ。それとは別に幼児化したように感じる理由には、母語でなら不自由ないコミュニケーションが、外国語ではうまくいかないことが挙げられる。自分に合ったやり方で頑張ってはみるが、議論はもちろん、日常会話さえつまづいてしまう。言いたいが、言えないというのはものすごくもどかしい。そんなもどかしさが自分を子供っぽく感じさせるのだろう。

　二つには、違った自分になれるという感覚だ。普段はどちらかといえば、控え目で物静かな人が外国語を使う時には冗談で人を笑わせたり、攻撃的な発言をしたりすることがある。ある意味外国語をツールにして、別の人物のように、行動していると言えるのではないだろうか。そういう私もオーストラリアに留学してからずっと明るい行動派として周りに知られるようになった。以上の二つが外国語学習の面白い側面である。

かと思いきや	さえ	からというもの	ごとく
のではあるまいか	どころか	なりに	といったらない

| 力試しテスト | → | ポイントを整理しよう | → | 使えるようになろう | → | 確認問題 |

自分を表現しよう

次の質問に、あなたのことやあなたの考えなどを答えましょう。例のように〈　〉内の文法を使いましょう。　　（解説→87ページ）

1）あなたが今年の経験をふまえて、来年取り組みたいと思っていることを教えてください。
　〈Aをふまえて、B〉　例）面接の失敗という経験をふまえて、話し方の訓練をしたいと思っています。

2）お金や時間がないせいで、困った経験を教えてください。
　〈Aばかりに、B〉　例）時間がなかったばかりに、口紅もつけずに出かけてしまいました。

3）あなたが自分に合ったやり方で頑張っていることを教えてください。
　〈Aなりに、B〉　例）まだまだ上手に作れませんが、自分なりに、料理の練習をしています。

4）来日以降、すっかり変わった習慣について教えてください。
　〈Aからというもの、B〉　例）日本へ来てからというもの、朝はパン食が当たり前になりました。

5）予想と（大きく）違った出来事について教えてください。
　〈Aかと思いきや、B〉　例）医者に言われていた通り、男の子が産まれるかと思いきや、女の子が産まれました。

6）非常につらい（くやしい／うれしい／おかしい／寂しい）と思った経験を教えてください。
　〈Aといったらない〉　例）引っ越しの手伝いをしてくれた家族や友人が帰った後は、寂しいといったらありませんでした。

83

ユニット4

こんな時どう言う？（ロールプレイ）

AさんとBさんになって会話をします。まず、□の文章を読んで、このユニットで習った文法を使って、AさんとBさんの会話文を考えましょう。その後、ヒントを参考にして、下の会話文を完成させましょう。

（解答例→88ページ）

Aさん：日本語学校の学生、Bさんのクラスメート	Bさん：日本語学校の学生、Aさんのクラスメート
あなたは先日の試験の点数が40点しかとれず、ショックを受けました。ものすごく情けない気持ちです。クラスメートのBさんが話しかけてきますから、今の気持ちを伝えましょう。	クラスメートのAさんが試験を返してもらってから、暗い顔をしています。声をかけてあげましょう。あなたは、Aさんが自分に合ったやり方で、試験前に努力をしていたことを知っていますから、そう伝え、励ましてあげましょう。

＜会話文＞

B：Aさん、どうしたの？

A：実は、試験の点数が40点しかとれなかったんだ。

B：そうなんだ。

A：もう＿＿＿＿＿＿＿＿＿＿＿＿＿＿＿＿＿＿＿＿よ。

　　← ヒント：「情けなくてしかたがない」気持ちを別の表現で言ってみよう。

B：そんなに落ち込むことないよ。＿＿＿＿＿＿＿＿＿＿、

＿＿＿＿＿＿＿＿頑張ってたじゃない。

　　← ヒント：いい結果が出なかった人に対して、「自分に合ったやり方で頑張ってたよ」と励ます時、どう言う？

A：でも、こんな点数じゃね……。

B：Aさんは頑張ってるから、次は結果が出ると思うよ。

A：そうかなあ。ありがとう。

| 力試しテスト ➡ ポイントを整理しよう ➡ 使えるようになろう ➡ 確認問題 |

練習しよう

Aさんと会話をします。あなたはBさんです。Aさんが①〜③のように言ったら、例のように〈　〉内の文法を使って、答えましょう。Cさんには、友達の名前を入れて考えてみましょう。（解答例→89ページ）

例）〈Aみたいだ〉
　① A：Cさんを探しているんですが、どこかで見ませんでしたか。
　→ B：もう帰ってしまったみたいですね。
　② A：あそこ、見てください。大勢人が集まっていますよ。
　→ B：何かやっているみたいですね。
　③ A：Cさん、会社を早退しちゃったね。元気、なかったなあ。
　→ B：体調が悪いみたいだね。

1）〈Aばかりに、B〉
　① A：Bさん、ひどい声ですね。昨日のカラオケのせいですね。
　→ B：

　② A：Bさん、アルバイトやめちゃって、生活、大丈夫？
　→ B：

　③ A：Bさん、Cさんに秘密をばらされたんだって？
　→ B：

2）〈Aといったらない（Aったらない）〉
　① A：Bさん、奥さんと子供さん、国に帰ってしまいましたね。
　→ B：

　② A：Bさん、宝くじ、10万円当たったんだって？
　→ B：

　③ A：Bさん、せっかく映画を見に来たのに、寝ちゃって、もったいない。
　→ B：

ユニット4

3)〈Aなりに、B〉

① A：Cさん、スピーチコンテストで賞をもらえませんでしたね。
→ B：

② A：Bさんが作ったぎょうざ、形がむちゃくちゃじゃない。
→ B：

③ A：私、ピアノ、やめようかな。発表会で全然上手にひけなかったし……。
→ B：

4)〈Aからというもの、B〉

① A：Bさん、少しふっくらされましたね。
→ B：

② A：Cさん、最近いつも機嫌(きげん)がいいですね。
→ B：

③ A：Bさん、いつも眠そうですね。
→ B：

5)〈Aさえ、B〉

① A：私、最近物忘れが激しくて……。Bさんはどうですか。
→ B：

② A：Bさん、若い子たちがやっているゲーム、できますか。
→ B：

③ A：Bさん、外車に詳しい？
→ B：

「使えるようになろう」正解・解答例・解説

書き換えよう

　外国語で話す時、私達は二つの感覚を抱くことが多い。一つは自分が幼児化したような感覚だ。普段は興味を持つこと<u>も</u>ない質問を外国人に対して、投げかけることがある。「どんな食べ物が好きですか。」「何時に寝て、何時に起きますか。」などと聞くので、関心がある<u>かと思ったら</u>、実は、そんなに興味があるわけではない。ただ外国語で話したいだけなのだ。それとは別に幼児化したように感じる理由には、母語でなら不自由ないコミュニケーションが、外国語ではうまくいかないことが挙げられる。<u>自分に合ったやり方で</u>頑張ってはみるが、議論はもちろん、日常会話さえつまづいてしまう。言いたいが、言えないというのは<u>ものすごくもどかしい</u>。そんなもどかしさが自分を子供っぽく感じさせるのだろう。

（例）さえ / かと思いきや / なりに / どころか / もどかしいといったらない

　二つには、違った自分になれるという感覚だ。普段はどちらかといえば、控え目で物静かな人が外国語を使う時には冗談で人を笑わせり、攻撃的な発言をしたりすることがある。ある意味外国語をツールにして、別の人物の<u>ように</u>、行動していると言える<u>のではないだろうか</u>。そういう私もオーストラリアに留学<u>してからずっと</u>明るい行動派として周りに知られるようになった。以上の二つが外国語学習の面白い側面である。

ごとく / のではあるまいか / てからというもの

自分を表現しよう

1)
例は、「面接の失敗という経験を基礎にして、話し方の訓練をしたい」という意味。

The example means that based on the experience of failing at interviews, you want to practice your speaking skills.

例句的意思是"以面试失败的经验作为基础，想进行说话技巧的训练"。

예문은, <면접에 실패한 경험을 살려서 말하는 방법을 훈련하고 싶다> 라는 의미.

2） 「Aせいで、B」と「Aばかりに、B」はほとんど同じ意味で、Bは悪い結果。	「Aせいで、B」and「Aばかりに、B」have almost the same meaning and B is a bad result.	"Aせいで、B"和"Aばかりに、B"的意思基本一样。B为不好的结果。	「Aせいで、B」와「Aばかりに、B」는 거의 같은 의미이고, B는 나쁜 결과.
3） 「自分なりに」は「十分ではないが、自分に合ったやり方で」という意味。	「自分なりに」means it is not enough but you do it in your own way.	"自分なりに"的意思是"虽然不十分充分，但是是适合自己的做法"。	「自分なりに」는 <충분하지는 않지만, 자기 자신에게 맞는 방법으로> 라는 의미.
4） 例は、「日本へ来る前は違ったが、日本へ来てからずっと朝はパン食になった」という意味。	The example means that in contrast to before, since you came to Japan you have eaten bread for breakfast every day.	例句的意思是，"与来日本之前不一样，来日本以后早饭就一直只吃面包了"。	예문은, <일본에 오기 전에는 달랐지만, 일본에 오고 나서 계속 아침은 빵을 먹게 되었다> 라는 의미.
5） 「Aかと思いきや、B」は、予想と大きく違った出来事を表現する時に使われる。	「Aかと思いきや、B」is used when expressing an event that was very different from expectations.	"Aかと思いきや、B"在表示事实与所预料的大不一致时使用。	「Aかと思いきや、B」는 예상과 크게 다른 일을 표현할 때에 사용한다.
6） 「Aといったらない」のAは名詞も入るので、「つらさ／くやしさ／うれしさ／おかしさ／寂しさ」でもよい。	The A in「Aといったらない」can also be a noun so「つらさ／くやしさ／うれしさ／おかしさ／寂しさ」are all fine.	"Aといったらない"里的A也使用名词，因此"つらさ／くやしさ／うれしさ／おかしさ／寂しさ"这类词汇也可以。	「Aといったらない」에서 A는 명사도 올 수 있기 때문에「つらさ／くやしさ／うれしさ／おかしさ／寂しさ」라도 좋다.

こんな時どう言う？（ロールプレイ）

B：Aさん、どうしたの。

A：実は、試験の点数が40点しかとれなかったんだ。

B：そうなんだ。

A：もう<u>なさけないといったらない</u>よ。 ← 「ものすごく情けない」という意味。

B：そんなに落ち込むことないよ。<u>Aさんは Aさんなりに</u>、頑張ってたじゃない。 ← 「Aさんは自分に合ったやり方で頑張ってたよ」と励ましている。

A：でも、こんな点数じゃね……。

B：Aさんは頑張ってるから、次は結果が出ると思うよ。

A：そうかなあ。ありがとう。

練習しよう

1）〈Aばかりに、B〉
　①歌いすぎたばかりに、声ががらがらになってしまいました。
　②ううん、やめたばかりに、食べるのにも困ってる。
　③うん、あんな口の軽い人に話したばかりに、とんでもないことになっちゃって。

2）〈Aといったらない（Aったらない）〉
　①そうなんです。広い家に一人は寂しいといったらありません。
　②そうなんだ。もううれしいったらないよ。
　③ほんとだよね。もったいないったらないよ。

3）〈Aなりに、B〉
　①そうですね。でも、Cさんなりによく頑張りましたよね。
　②そんなこと言わないでよ。私なりに一生懸命作ったんだよ。
　③気にすることないよ。Aさんなりに頑張ったじゃない。

4）〈Aからというもの、B〉
　①ええ、たばこをやめてからというもの、体重が増える一方で。
　②そうですね。彼女ができてからというもの、ご機嫌ですね。
　③うん、深夜までのアルバイトを入れてからというもの、眠くて眠くて。

5）〈Aさえ、B〉
　①私もです。5分前に聞いたことさえ、覚えていないんです。
　②全然。初心者向けのゲームさえ、できません。
　③全く。国産車さえ、わからないよ。

ユニット5 力試しテスト　　　/100点

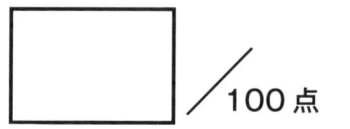

問題1　次の文の（　）に入れるのに最もよいものを、1・2・3・4から一つ選びなさい。
（5点×14問＝70点）

（1）台風の被害を最も受けたA地方でも、復興が進み（　　）。
　　1　かねない　　　2　恐れがある　　3　つつある　　　4　っぽい

（2）兄は多趣味で、ギターも（　　）、サッカーもやる。
　　1　ひこう　　　　2　ひけ　　　　　3　ひけば　　　　4　ひく

（3）ペットに服を着せる飼い主がいるが、犬や猫（　　）、迷惑なだけだろう。
　　1　にもかかわらず　2　にすれば　　3　だらけで　　　4　だからといって

（4）高校時代の恩師と同じ学校で働けるなんて、感激（　　）。
　　1　の極みだ　　　2　よりほかはない　3　にすぎない　4　しまいだ

（5）被災を受けた場所に行って、盗みを働くなど、人に（　　）行為だ。
　　1　よらない　　　2　関わる　　　　3　限られた　　　4　あるまじき

（6）教育者（　　）者、学校ではもちろん、プライベートでも、人の範となる行動をすべきだ。
　　1　にあるまじき　2　たる　　　　　3　と言わず　　　4　いわゆる

（7）彼は家族、親戚の期待（　　）、学業をさぼって、遊んでばかりいる。
　　1　を通して　　　2　をよそに　　　3　どおりに　　　4　にかけて

（8）毎日とは言わない（　　）、週に1回は掃除機をかけたらどうですか。
　　1　にもかかわらず　2　ことには　　3　としたら　　　4　までも

（9）入社したての新人（　　）、こんな基本的な機械操作ぐらいできますよ。
　　1　というより　　2　にしてみれば　3　じゃあるまいし　4　をおいて

（10）卒業式で卒業生代表として答辞を読む役を与えられたことは、光栄（　　）。
　　1　かねない　　　2　に限る　　　　3　の至りだ　　　4　の恐れがある

(11) 山田さんの年齢？　肌の美しさ（　　　）、まだ20代だろうね。
　　1　を問わず　　　2　から見ても　　　3　にかかわらず　　4　をはじめ

(12) この辺りはのどかな所で、高層ビルも（　　　）、酒場もない。
　　1　ないわ　　　　2　なければ　　　　3　なくても　　　　4　なかったら

(13) 市の職員が公費に手をつけていたらしい。許す（　　　）ことだ。
　　1　べき　　　　　2　まじき　　　　　3　かわりの　　　　4　じゃあるまいし

(14) 自動車業界の不況の影響を受けていた我が社も少しずつ低迷期から抜け出し（　　　）。
　　1　つつある　　　2　っぱなしだ　　　3　かねる　　　　　4　がちだ

問題2　次の文の＿★＿に入る最もよいものを、1・2・3・4から一つ選びなさい。

(5点×6問＝30点)

(15) 上司＿＿＿＿　＿＿＿＿　★＿＿＿　＿＿＿＿のだろうが、部下からすると、管理されているように感じるにちがいない。
　　1　行動を　　　2　にすれば　　　　3　部下の　　　　　4　把握したい

(16) 警察官＿＿＿＿　★＿＿＿　＿＿＿＿　＿＿＿＿正すだけでなく、自分の行動も厳しくチェックしなければならない。
　　1　者　　　　　2　不正を　　　　　3　人の　　　　　　4　たる

(17) パソコン＿★＿＿　＿＿＿＿　＿＿＿＿いちいち教える必要はないんじゃないですか。
　　1　ついて　　　2　横に　　　　　　3　じゃあるまいし　4　初心者

(18) 友人の結婚式の祝儀には5万＿＿＿＿　＿★＿＿　＿＿＿＿　＿＿＿＿包みたいものだ。
　　1　までも　　　2　とは　　　　　　3　言わない　　　　4　3万は

(19) この建築物は＿＿＿＿　＿＿＿＿　＿＿＿＿　★＿＿＿いるんじゃないかな。
　　1　外観　　　　2　築100年は　　　3　経って　　　　　4　から見ても

(20) 仕事に＿★＿＿　＿＿＿＿　＿＿＿＿　＿＿＿＿世界中を旅して歩いた。
　　1　同世代　　　2　私は　　　　　　3　打ち込む　　　　4　をよそに

ユニット5 ポイントを整理しよう

正解

下の解答で答え合わせをし、90ページの□に点数を書きましょう。

問題1
（1） 3　（2） 3　（3） 2　（4） 1　（5） 4　（6） 2　（7） 2
（8） 4　（9） 3　（10） 3　（11） 2　（12） 2　（13） 2　（14） 1

ポイント

下の表は、それぞれの問題を解くために必要な文法の解説です。間違えた問題や、理解していなかったと思う問題の□に✔を書き、解説を何度も読んで、理解しましょう。

問題	解説	
□（1） □（14）	**Aつつある**（N2）：Aする変化の途中 ＊Aは動詞の「ます形」。 例）素人集団だった私達テニス部だが、クラブ結成3年目を迎え、徐々に力をつけ<u>つつある</u>。	
□（2） □（12）	**AもBば、CもD**：AもBし、CもD ＊ACは名詞。Bは動詞、イ形容詞の「ば形」、ナ形容詞「〜なら」。Dは動詞、イ形容詞、ナ形容詞。 例）あの兄弟は、顔<u>も</u>似てい<u>れば</u>、声や話し方<u>も</u>そっくりだ。	
□（3） □（15）	**Aにすれば、B**：Aの立場からすると、B ＊Aは名詞。 ＊「Aにしたら、B」も同じ意味。 例）親<u>にすれば</u>、人生の先輩として、子供を教育しようというのだろうが、子供から見ると、自由を奪われているように感じることがある。	
□（4） □（10）	**Aの極み／至り**：最高のA／本当にA ＊Aは「感激」「光栄」などの名詞。 ＊ただし、「痛恨の極み」「幸福の極み」は慣用的に使われ、「至り」とは言わない。 例）大好きな人と大切な家族に囲まれて、生活できるなんて、幸福<u>の極み</u>だ。	

力試しテスト → **ポイントを整理しよう** → 使えるようになろう → 確認問題

問題2

(15) 1　上司にすれば　部下の　★行動を　把握(はあく)したいのだろうが、部下からすると、管理されているように感じるにちがいない。

(16) 1　警察官たる　★者　人の　不正を正すだけでなく、自分の行動も厳しくチェックしなければならない。

(17) 4　パソコン★初心者　じゃあるまいし　横に　ついていちいち教える必要はないんじゃないですか。

(18) 3　友人の結婚式の祝儀(しゅうぎ)には5万とは　★言わない　までも　3万は包みたいものだ。

(19) 3　この建築物は外観　から見ても　築(ちく)100年は　★経っているんじゃないかな。

(20) 3　仕事に★打ち込む　同世代　をよそに　私は世界中を旅して歩いた。

The table below explains the grammar required to answer the questions. Check the box for questions that you got wrong or those that you don't think you understood and read over the explanations a number of times to make sure you understand them.
下表是为解答各类语法问题所作的解释和说明。请在容易做错的问题或者尚未理解的问题前的小方框□内划レ记号，然后反复阅读解说，直至理解。
아래의 표는 각각의 문제를 풀기 위해，필요한 문법 해설입니다．틀린 문제나 이해가 안 되는 문제는 □안에 レ라고 표시한 후에，해설을 반복해서 읽고，이해합시다．

Explanation	解说	해설
In the process of change A *A is the verb stem.	A 正在变化之中 A 使用动词的"ます形"。	A라고 하는 변화의 도중에 있다 * A는 동사의「ます형」.
If A…B also C…D *A and C are nouns. B can be the –ba form of the verb or an i-adjective or the –nara form of a na-adjective. D can be a verb, an i-adjective or a na-adjective.	A 也 B，而且 C 也 D *A 和 C 都使用名词。B 使用动词的"ば形"、イ形容词的"ば形"、ナ形容词"～なら"。D 使用动词、イ形容词、ナ形容词。	A도 B하고，C도 D * A C는 명사．B는 동사，イ형용사의「ば형」，ナ형용사「～なら」．D는 동사，イ형용사，ナ형용사．
From point of view A, B *A is a noun. *This has the same meaning as「Aにしたら、B」.	从 A 的立场来看，B *A 使用名词。 * 与「Aにしたら、B」意思相同。	A의 입장에서 말하면，B * A는 명사． *「Aにしたら、B」도 같은 의미．
The utmost A/really A *A is a noun such as「感激」or「光栄」. However,「痛恨の極み」and「幸福の極み」are used idiomatically but these are not used with「至り」.	最高程度的 A／真正地 A *A 使用「感激」「光栄」等名词。 * 但是，「痛恨の極み」「幸福の極み」是习惯用法，不能说成「至り」。	최고의 A／정말로 A * A는「感激」「光栄」등의 명사． * 단지「痛恨の極み」「幸福の極み」는 관용적으로 사용되어，「至り」라고는 말 하지 않는다．

☐ (5) ☐ (13)	**AまじきB**：Aてはいけない（べきではない）B ＊Aは「ある」「許す」など動詞の「辞書形」。 ＊Bは「行為」「こと」などの名詞。 例1）上下関係を利用して、セクシャルハラスメントをするなんて、上司に（として）あるまじき行為だ。 例2）国民の税金を市の職員が着服していたらしい。許すまじきことだ。	
☐ (6) ☐ (16)	**Aたる者、B**：Aという立場にある者は、Bべき（なければならない） ＊Aは「医者」「教師」など、一般的に高く評価されている身分や立場を表す名詞。 例）政治家たる者、常に国民の声に耳を傾けて、政治に反映させるべきである。	
☐ (7) ☐ (20)	**Aをよそに、B**：Aを無視して（自分とは関係のないことのように）、B ＊Aは「期待」「心配」「不安」などの気持ちを表す名詞が多いが（例1）、それ以外の名詞もある（例2）。 例1）上司の心配をよそに、新入社員はマイペースで黙々と仕事をこなしている。 例2）残業をする社員をよそに、アルバイトの僕はさっさと会社を後にした。	
☐ (8) ☐ (18)	**Aまでも、B**：Aするのは難しい（するまではできない）が、B ＊Aは動詞の「ない形」。 例）大学生なのだから、難しい専門書を読まないまでも、小説ぐらいは読んでほしい。	
☐ (9) ☐ (17)	**Aじゃあるまいし、B**：Aじゃないのだから（じゃないのに）、B ＊Aは名詞。 ＊話者の不満や非難、否定的な判断を表すことが多い。 例）女の子じゃあるまいし、プレゼントにピンクのハンカチを贈るのはどうかと思うよ。	
☐ (11) ☐ (19)	**Aから見ても、B**：Aから判断しても、B ＊Aは名詞。 例）大木君の表情から見ても、試験結果はあまり良くなかったのだろう。	

B that someone must (should) not A *A is the dictionary form of a verb such as 「ある」or「許す」. *B is a noun such as「行為」or「こと」.	不可以（不应该）A 的 B *A 使用「ある」「許す」等动词的"辞书形"。 *B 使用「行為」「こと」等名词。	A있을 수 없는 (있어서는 안 된다) B * A는「ある」「許す」등 동사의「사전형」. * B는「行為」「こと」등의 명사.
People in position A should (must) B *A is a noun such as「医者」or「教師」that expresses a generally highly regarded position or station.	站在立场的 A，应该（必须）B *A 使用「医者」「教師」等表示评价较高，具有一定身份和地位的名词。	A라는 입장에 있는 사람은, B 아/어/여야 하다 (-지 않으면 안 된다) * A는「医者」「教師」등 일반적으로 높게 평가되는 신분이나 입장을 표현하는 명사.
Without consideration for A (as if it has nothing to do with you), B *A is frequently a noun such as「期待」,「心配」or「不安」that expresses a feeling (例1) but other nouns are also used (例2).	无视 A 的存在（好像 A 与自己无关一样），B *A 常使用「期待」「心配」「不安」等表示感情色彩的名词（例1），除此以外的名词也可以使用（例2）。	A를 무시하고 (자기 자신과는 관계 없는 것 처럼), B * A는「期待」「心配」「不安」등의 마음을 표현하는 명사가(例1), 그 이외의 명사도 있다(例2).
It is difficult to (cannot go as far as) A but B *A is the -nai form of a verb.	虽然做 A 很难（做不了 A），但是 B *A 使用动词的"ない形"。	A하는 것은 어렵지만 (하는 것 까지는 할 수 없지만), B * A는 동사의「ない형」.
It's not as if something/someone is A, B *A is a noun. *This is frequently used to express the speaker's dissatisfaction, criticism or a negative judgement.	因为不是 A(明明不是 A)，所以(却) B *A 使用名词。 * 常常表示说话人的不满、责备和否定的判断。	A가 아니기 때문에 (아닌데), B * A는 명사. * 말하는 이의 불만이나 비난, 부정적인 판단을 표현하는 것이 많다.
Judging from A, B *A is a noun.	从 A 来判断，也 B *A 使用名词。	A로부터 판단해도, B * A는 명사.

ユニット5 使えるようになろう

書(か)き換えよう

例のように、書き換えるところに＿＿を引き、□の中から適当な言葉を選んで書き換えましょう。例を入れて、全部で9こあります。

（正解→101ページ）

誰もが思春期を経験する。思春期とは、心身ともに子供から大人へと<u>変化する途中の時期</u>
　　　　　　　　　　　　　　　　　　　　　　　　　　例）変化しつつある

のことを言う。「最近うちの子が反抗的で」「思春期だからねえ」などという親同士の会話から判断しても、わかるように思春期には、親や先生に反抗もするし、些細(ささい)なことでけんかもする。気持ちが不安定になっているのだ。親は今まで通りに注意したり、叱ったりしているのだけれども、子供にとっては、「小学生じゃないのに（うるさいなあ）」という思いになるのだ。子供は親の心配を無視して、とんでもない言動をすることもある。時に、家庭崩壊(ほうかい)とまでは言えないが、家族の輪が壊れやすくなる難しい時期でもある。しかし、親という立場にある者、こういう時こそ、全身全霊(ぜんれい)で子供と向き合わなければならない。衝突(しょうとつ)を避けて、子供の言うなりになるなど、親にあってはならない行為だ。本気で自分にぶつかってきてくれたという体験こそ、本当の大人になった時、親の愛情として受け入れられるのだ。

| じゃあるまいし | までも | から見ても | も～ば～も |
| にすれば | つつある | たる者 | まじき | をよそに |

自分を表現しよう

次の質問に、あなたのことやあなたの考えなどを答えましょう。例のように〈　　〉内の文法を使いましょう。　　（解説→ 101ページ）

1）あなたの人生で「最高に感激した」出来事を教えてください。
　〈Aの極み／至り〉　例）私の「感激の極み／至り」の出来事は、高校生の時、憧れの歌手に握手してもらえたことです。

2）今まで「子供っぽいなあ」と不満に思ったことを教えてください。
　〈Aじゃあるまいし、B〉　例）母が私の30歳の誕生日に漫画をくれた時、「子供じゃあるまいし」と思いました。

3）宝くじが当たるとしたら、いくらぐらい当たってほしいですか。
　〈Aまでも、B〉　例）1億円とは言わないまでも、100万円ぐらいは当たってほしいです。

4）親（先生）の心配を無視して、やってしまった（やらなかった）ことを教えてください。
　〈Aをよそに、B〉　例）高校生の時、親の心配をよそに、ヒッチハイクで九州に行ったことがあります。

5）あなたは政治家（医者／教師）とは、どうあるべきだ（べきではない）と思いますか。
　〈Aたる者、B〉　例）私は政治家たる者、常に国民の声に耳を傾けるべきだと思います。

6）ニュースで知った政治家（警察官／親／教師）にあってはならない行為について、教えてください。
　〈AまじきB〉　例）警察官が届けられた落し物を猫ばばしたらしいです。警察官にあるまじき行為だと思います。

ユニット5

こんな時どう言う？（ロールプレイ）

AさんとBさんになって会話をします。まず、□の文章を読んで、このユニットで習った文法を使って、AさんとBさんの会話文を考えましょう。その後、ヒントを参考にして、下の会話文を完成させましょう。

（解答例→102ページ）

Aさん：大学の留学生、Bさん、Cさんのクラスメート	Bさん：大学の留学生、Aさん、Cさんのクラスメート
昨日は日本語クラスのパーティーでした。参加者それぞれが食べ物や飲み物を持参することになっていました。しかし、Cさんは缶ビール1本しか持ってきませんでした。まずはそれをBさんに伝えましょう。Bさんの発言を待って、1ダースは無理だとしても、人数分は持ってくるべきだと伝えましょう。	昨日は日本語クラスのパーティーでした。参加者それぞれが食べ物や飲み物を持参することになっていました。AさんからCさんは缶ビール1本しか持って来なかったと聞かされます。聞いた後、「一人で家で飲むんじゃないのに」という気持ちを伝えましょう。

＜会話文＞

A：昨日のパーティー、楽しかったね。

B：うん、すごく楽しかった。

A：でもさあ、知ってる？　Cさん、缶ビール1本しか

　　持って来なかったんだよ。

B：えっ、本当？　一人で_____……。

（ヒント：「一人で家で飲むんじゃないのに」と不満の気持ちを伝えたい。）

A：ね。1ダース_____、

　　_____べきだよね。

（ヒント：「1ダースというのは難しいが、人数分は持ってくるべきだ」と言いたい。）

B：ほんとだよ。

| 力試しテスト | ポイントを整理しよう | 使えるようになろう | 確認問題 |

練習しよう

Aさんと会話をします。あなたはBさんです。Aさんが①〜③のように言ったら、例のように〈　〉内の文法を使って、答えましょう。Cさんには、友達の名前を入れて考えてみましょう。（解答例→103ページ）

例)〈Aみたいだ〉
① A：Cさんを探しているんですが、どこかで見ませんでしたか。
→ B：もう帰ってしまったみたいですね。
② A：あそこ、見てください。大勢人が集まっていますよ。
→ B：何かやっているみたいですね。
③ A：Cさん、会社を早退しちゃったね。元気、なかったなあ。
→ B：体調が悪いみたいだね。

1)〈AまじきB〉
① A：市会議員が汚職していたらしいですよ。
→ B：

② A：中学校の教員が飲酒運転で捕まったそうですよ。
→ B：

③ A：警察官が落し物を猫ばばしたんだって。
→ B：

2)〈AもBば、CもD〉
① A：Cさんって、趣味が多いそうですね。
→ B：

② A：Bさんは、毎日何時頃帰るんですか。
→ B：

③ A：Bさんのクラスにはどんな国の人がいるの？
→ B：

ユニット5

3)〈Aにすれば、B〉
① A：見て、かわいい。あの犬、服を着てますよ。
→ B：

② A：実家の親、毎日電話をかけてくるんですよ。
→ B：

③ A：Cさん、たった10円時給が上がっただけで大喜びしてたよ。
→ B：

4)〈Aから見ても、B〉
① A：Cさん、お子さんがかわいくてしかたがないみたいですね。
→ B：

② A：Cさん、最近日本語が上達したんじゃありませんか。
→ B：

③ A：Cさん、昨日の試合、どうだったんだろう。
→ B：

5)〈Aじゃあるまいし、B〉
① A：正月におじさんが来て、お年玉くれたんだけど、500円だったんだよ。
→ B：

② A：D先生が来週ひらがなのテストをするって言ってたよ。
→ B：

③ A：今日お昼を食べたレストラン、ランチが3,000円もしたんだよ。
→ B：

「使えるようになろう」正解・解答例・解説

書き換えよう

誰もが思春期を経験する。思春期とは、心身ともに子供から大人へと<u>変化する途中</u>の時期のこと
　　　　　　　　　　　　　　　　　　　　　　　　　　　　　　　　例）変化しつつある
を言う。「最近うちの子が反抗的で」「思春期だからねえ」などという親同士の会話<u>から判断しても</u>、
　　　　　　　　　　　　　　　　　　　　　　　　　　　　　　　　　　から見ても
わかるように思春期には、親や先生に<u>反抗もするし</u>、<u>些細なことで</u>けんかもする。気持ちが不
　　　　　　　　　　　　　　　　　反抗もすれば、些細なことでけんかもする
安定になっているのだ。親は今まで通りに注意したり、叱ったりしているのだけれども、子供
<u>にとっては</u>、「小学生<u>じゃないのに</u>（うるさいなあ）」という思いになるのだ。子供は親の心配
にすれば　　　　　じゃあるまいし
<u>を無視して</u>、とんでもない言動をすることもある。時に、<u>家庭崩壊とまでは言えない</u>が、家族
をよそに　　　　　　　　　　　　　　　　　　　　　　　　　　とは言わないまでも
の輪が壊れやすくなる難しい時期でもある。しかし、<u>親という立場にある者</u>、こういう時こそ、
　　　　　　　　　　　　　　　　　　　　　　　　たる者
全身全霊で子供と向き合わなければならない。衝突を避けて、子供の言うなりになるなど、親
<u>にあってはならない</u>行為だ。本気で自分にぶつかってきてくれたという体験こそ、本当の大人になっ
にあるまじき
た時、親の愛情として受け入れられるのだ。

自分を表現しよう

1)「感激」と「光栄」は「極み」と「至り」の両方ともに使える。	「感激」and「光栄」can both be used with「極み」and「至り」.	「感激」和「光栄」这两个词用在「極み」和「至り」两者均可。	「感激」와「光栄」은「極み」와「至り」양쪽을 다 같이 사용할 수 있다.
2)例は、「母が私の30歳の誕生日に漫画をくれた時、『子供じゃないんだから／子供じゃないのに』と思いました」という意味。	The example means that you thought 'it's not as if I'm a child' when your mother gave you a comic for your 30th birthday.	例句的意思是，"在我30岁生日，妈妈送给我漫画的时候，我认为『自己已经不是小孩子了／自己明明又不是小孩子了』"。	예문은，<어머니가 내 30살 생일에 만화를 주었을 때，『어린 아이가 아니니까／어린 아이가 아닌데』라고 생각했습니다＞ 라는 의미.

3) 「Aまでも、B」で「Aまでは難しいが、もっと程度の低いBは」という意味。	This sentence uses 「Aまでも、B」 and means that it is difficult to A but B, which is of a lower level, is less difficult.	「Aまでも、B」的意思是，"达到A虽然很困难，但是程度更低的B"。	「Aまでも、B」는 ＜A까지는 어렵지만 더 정도가 낮은 B는＞ 이라는 의미.
4) 例は「親が心配してくれているが、その心配を無視して、ヒッチハイクをした」というような意味。	The example means that your parents were worried but that you hitch-hiked without considering your parents worries.	例句的意思是，"虽然父母为我担心，但是我不顾他们的担心，还是搭车去旅行了"。	예문은, ＜부모님은 걱정해 주시는데, 그 걱정을 무시하고 히치하이크를 했다＞ 와 같은 의미.
5) 「Aたる者、B」で、「政治家(医者／教師)という偉い立場にある者は、こうあるべきだ(あるべきではない)」という意味。	This sentence uses 「Aたる者、B」 and means that people in the responsible position of politician (doctor/teacher) should (not) be a certain way.	「Aたる者、B」表示的意思是，"作为政治家(医生／教师)这种地位高的人，就应该(不应该)这样"。	「Aたる者、B」는 ＜정치가 (의사／교사) 라는 높은 입장에 있는 사람은 이래야 한다 (이래서는 안 된다) ＞ 라는 의미.
6) 例は「猫ばばなどは、警察官にあってはならない行為だ」という意味。	The example means that embezzlement is something that a member of the police should not engage in.	例句的意思是，"把捡到的东西据为己有，这是警察不该有的行为"。	예문은, ＜슬쩍 가로채는 것은 경찰관이라면 해서는 안 되는 행위＞ 라는 의미.

こんな時どう言う？（ロールプレイ）

A：昨日のパーティー、楽しかったね。

B：うん、すごく楽しかった。

A：でもさあ、知ってる？　Cさん、缶ビール1本しか持って来なかったんだよ。

B：えっ、本当？　一人で家で飲むんじゃあるまいし……。

A：ね。1ダースとは言わないまでも、人数分は持ってくるべきだよね。

B：ほんとだよ。

「一人で家で飲むんじゃないのに、1缶だけ？」と不満を表している。

「1ダースまでとは言わないけど、少なくとも、人数分は…」という気持ち。

練習しよう

1）〈AまじきB〉
　①本当ですか。議員にあるまじき行為ですね。
　②えっ!?　教員にあるまじき行為ですね。
　③本当？　警官にあるまじきことだね。

2）〈AもBば、CもD〉
　①ええ、サッカーもやれば、ギターもひくんですよ。
　②5時に帰ることもあれば、9時に帰ることもあります。
　③中国人もいれば、ベトナム人もいるよ。

3）〈Aにすれば、B〉
　①でも、犬にすれば、いい迷惑でしょうね。
　②親からすれば、心配なんですよ、きっと。
　③そりゃ、留学生のCさんにすれば、10円でも大きいんだよ。

4）〈Aから見ても、B〉
　①私達から見ても、とてもかわいいですものね。
　②私達から見ても、上達がよくわかりますね。
　③うーん、あの表情から見ても、あまり良くなかったのかもね。

5）〈Aじゃあるまいし、B〉
　①えっ、小学生じゃあるまいし、500円は少ないわよね。
　②えっ、そうなの？　初級の学生じゃあるまいし。
　③3,000円!?　ディナーじゃあるまいし、ランチで3,000円はきついよね。

ユニット6 力試しテスト　□/100点

問題1　次の文の（　）に入れるのに最もよいものを、1・2・3・4から一つ選びなさい。
（5点×14問＝70点）

（1）本社では、ひとり役員（　　　）、全社員の給料を10％カットすることに決めた。
　　1　ばかりに　　　2　のみならず　　　3　だけあって　　　4　にもかかわらず

（2）私どもの会社では、大学の成績（　　　）、部活動やボランティア、留学などの経験を採用において、重視しています。
　　1　そばから　　　2　いかんによらず　3　ならでは　　　4　にしてみれば

（3）子育てが大変だ（　　　）、地域で決められた自治会の仕事は、きちんとするべきだ。
　　1　くせに　　　2　とはいえ　　　3　以上　　　4　と思いきや

（4）主人が異動を命じられたので、名古屋に越してきた（　　　）です。
　　1　次第　　　2　しまつ　　　3　至り　　　4　つもり

（5）（　　　）は、創業100年の味噌屋でございます。
　　1　御社　　　2　貴社　　　3　愚社　　　4　弊社

（6）来月1日の開店に間に合わせる（　　　）、急ピッチで準備が進められている。
　　1　くせに　　　2　なり　　　3　べく　　　4　かぎり

（7）初めて任された仕事（　　　）、社を代表しているのだから、甘えは許されない。
　　1　からといって　2　にしては　　　3　とはいえ　　　4　にとっては

（8）毎日ハンバーガーを夕食に食べているなんて、不健康（　　　）。
　　1　次第だ　　　2　極まる　　　3　に限る　　　4　かねない

（9）今月いっぱい（　　　）、閉店することになりました。
　　1　にとって　　2　だからこそ　　3　もさることながら　4　をもって

（10）お疲れ（　　　）、申し訳ありませんが、もう一点ご説明申し上げたいことがございます。
　　1　がちで　　　2　のところを　　3　にしては　　　4　といえば

力試しテスト → ポイントを整理しよう → 使えるようになろう → 確認問題

(11) 父は進退（　　　）問題を会社で起こしてしまったそうだ。
　1　を問わず　　　2　にかかわる　　　3　どころか　　　4　のみならず

(12) （　　　）では、毎月2日をお客様感謝デーとして、奉仕品（ほうしひん）を多数ご用意しております。
　1　拙店　　　　2　愚店　　　　3　弊店　　　　4　御店

(13) 体調の変化を感じながらも、病院へ行かなかったので、症状が悪化した（　　　）です。
　1　きり　　　　2　最中　　　　3　次第　　　　4　向き

(14) バーゲンセール最終日につき、ひとりセール品（　　　）、セール部外品においても、割引をいたします。
　1　をよそに　　2　からすると　3　だからといって　4　のみならず

問題2 次の文の＿★＿に入る最もよいものを、1・2・3・4から一つ選びなさい。

(5点×6問＝30点)

(15) 本公演は、＿＿＿＿　＿★＿　＿＿＿＿　＿＿＿＿お断りしております。
　1　途中入場を　　2　事情の　　3　お客様の　　4　いかんによらず

(16) 退屈＿＿＿＿　＿＿＿＿　＿★＿　＿＿＿＿授業料を払っていると思うと、寝ることはできない。
　1　授業　　　　2　極まりない　　3　でも　　　　4　高い

(17) ＿＿＿＿　＿★＿　＿＿＿＿　＿＿＿＿重い仕事だ
　1　かかわる　　2　医者は　　　3　責任の　　　4　命に

(18) 来年度＿＿＿＿　＿★＿　＿＿＿＿　＿＿＿＿なります。
　1　をもって　　2　廃部と　　　3　本学の　　　4　経営学部は

(19) あと5分＿＿＿＿　＿＿＿＿　＿＿＿＿　＿★＿帰ってしまった。
　1　待ち疲れて　2　待っていれば　3　入店できた　　4　ところを

(20) 心臓移植（しんぞういしょく）を＿＿＿＿　＿★＿　＿＿＿＿　＿＿＿＿街頭で募金活動を行っている。
　1　べく　　　　2　晩まで　　　3　朝から　　　4　実現させる

ユニット6 ポイントを整理しよう

正解
下の解答で答え合わせをし、104ページの枠に点数を書きましょう。

問題1
(1) 2　(2) 2　(3) 2　(4) 1　(5) 4　(6) 3　(7) 3
(8) 2　(9) 4　(10) 2　(11) 2　(12) 3　(13) 3　(14) 4

ポイント
下の表は、それぞれの問題を解くために必要な文法の解説です。間違えた問題や、理解していなかったと思う問題の□に✔を書き、解説を何度も読んで、理解しましょう。

問題	解説	
□ (1) □ (14)	**ひとりAのみならず、B**：ただAだけでなく、B ＊Aは名詞。 ＊「ただAのみならず、B」と同じだが、よりかたい表現。 例）不登校児童の増加問題は、<u>ひとり</u>その学級、学校<u>のみならず</u>、地域、社会が真剣に考えるべきことである。	
□ (2) □ (15)	**Aいかんによらず、B**：Aがどうかに関係がなく、B ＊Aは名詞、あるいは、名詞「＋の」。 例）学校の授業に必要なものなら、価格<u>(の)いかんによらず</u>、購入するよりほかない。	
□ (3) □ (7)	**Aとはいえ、B**：Aといっても、B ＊Aは名詞。動詞、イ形容詞、ナ形容詞の「普通形」。 ＊Bは話者の感想、意見、判断などが多い。 例）彼は安月給<u>とはいえ</u>、親が大地主で財産を持っているから、結婚相手として不足はないよ。	
□ (4) □ (13)	**A次第だ**：〜から（〜ため）Aわけだ ＊Aは動詞、イ形容詞の「普通形」、ナ形容詞、名詞「である」。 ＊文中では、「このような次第で、〜」のように使われることがある（例2）。 例1）老朽化が進んだことから、校舎の建て替えが決まった<u>次第です</u>。 例2）A国では、新種のインフルエンザが大流行している。<u>このような次第で</u>、観光客が激減している。	
□ (5) □ (12)	**弊A**：（自分を低めて）私どものA ＊謙譲表現で、「弊社」「弊店」「弊校」などの表現がほとんど。 例）<u>弊校</u>は大学と同じく、1コマ90分授業を行っています。	

| 力試しテスト | ポイントを整理しよう | 使えるようになろう | 確認問題 |

問題2

(15) 2　本公演は、お客様の　★事情の　いかんによらず　途中入場をお断りしております。
(16) 3　退屈極まりない　授業　★でも　高い授業料を払っていると思うと、寝ることはできない。
(17) 4　医者は　★命に　かかわる　責任の重い仕事だ。
(18) 3　来年度をもって　★本学の　経営学部は　廃部となります。
(19) 1　あと５分待っていれば　入店できた　ところを　★待ち疲れて帰ってしまった。
(20) 1　心臓移植を実現させる　★べく　朝から　晩まで街頭で募金活動を行っている。

The table below explains the grammar required to answer the questions. Check the box for questions that you got wrong or those that you don't think you understood and read over the explanations a number of times to make sure you understand them.
下表是为解答各类语法问题所作的解释和说明。请在容易做错的问题或者尚未理解的问题前的小方框□内划上√记号，然后反复阅读解说，直至理解。
아래의 표는 각각의 문제를 풀기 위해, 필요한 문법 해설입니다. 틀린 문제나 이해가 안 되는 문제는 □안에 ㄴ라고 표시한 후에, 해설을 반복해서 읽고, 이해합시다.

Explanation	解说	해설
Not only A but also B *A is a noun. *This is the same as 「ただAのみならず、B」 but it is a more formal expression.	不仅仅只是A，B也 *A 使用名词。 *和「ただAのみならず、B」的意思虽然一样，但是语气较为生硬。	단지 A뿐만 아니라, B * A는 명사. *「ただAのみならず、B」와 같지만, 보다 딱딱한 표현.
Regardless of the nature of A, B *A can be a noun or a noun 「＋の」.	不管A到底怎么样，B都 *A 使用名词，或者名词"＋の"。	A가 어떤지에 관계없이, B * A는 명사, 또는, 명사「＋の」.
Even although A, B *A can be the plain form of a noun, a verb, an i-adjective or a na-adjective. *B is frequently the speaker's feelings, opinion or judgement, etc.	虽说A，但是B *A 使用名词，动词、イ形容词、ナ形容词的"普通形"。 *B 多表示说话人的感想、意见和判断。	A라고 해도, B * A는 명사. 동사, イ형용사, ナ형용사의「보통형」. * B는 말하는 이의 감상, 의견, 판단 등이 많다.
Because of (due to)…, A *A can be the plain form of a verb or an i-adjective. A can also be a na-adjective 「である」 or a noun 「である」. *This may be used in the form 「このような次第で、〜」 in the middle of sentences (例2).	因为（为了）A，所以〜 *A 使用动词、イ形容词的"普通形"、ナ形容词、名词"である"。 * 在句子中也可用作「このような次第で、〜」这种形式（例2）。	－ 아/어/여서（ －때문에 ）A이유이다 * A는 동사, イ형용사의「보통형」, ナ형용사, 명사「である」. * 문장에서는「このような次第で、〜」와 같이 사용되기도 한다 (例2).
Our A (humbling yourself) *This is a humble expression and 「弊社」,「弊店」 and 「弊校」, etc. are the most common usages.	（降低自我）敝（人）A * 谦让表达，基本上都是「弊社」「弊店」「弊校」等表达。	(자신을 낮추어서) 저희들의 A * 겸양표현으로, 「弊社」「弊店」「弊校」 등의 표현이 대부분.

ユニット 6

☐ (6) ☐ (20)	**Aべく、B**：Aために(目的)、B ＊Aは動詞の「辞書形」。「する」は「するべく」と「すべく」の二つの形がある。 例）学会での発表を成功させる<u>べく</u>、現在パワーポイントを作成している。	
☐ (8) ☐ (16)	**A極まりない／極まる**：非常にA／これ以上ないくらいA ＊Aは主に「不愉快」「退屈」「失礼」「不健康」など否定的なナ形容詞「~<u>な</u>」。 例）間違い電話をしておいて、何も言わずに切られた。不愉快<u>極まりない</u>。	
☐ (9) ☐ (18)	**Aをもって、B**：Aを期限にして、B ＊Aは「今月」や「本日」など期限を表す名詞。 ＊その期限で今まで続いていたことが終わることを表す。 例）本店は午後11時<u>をもって</u>、営業を終了させていただきます。ご来店ありがとうございました。	
☐ (10) ☐ (19)	**Aところを、B**：Aのに、B ＊Aは動詞、イ形容詞の「普通形」、ナ形容詞「~な」、名詞「＋の」。 例）お休みの<u>ところを</u>、お電話してしまって、申し訳ありませんでした。	
☐ (11) ☐ (17)	**AにかかわるB**：Aという重大なことに関係するB ＊AもBも名詞。 例）このプロジェクトを成功させられるかどうかは、私の名誉<u>にかかわる</u>ことだ。	

In order to A (purpose), B *A is the dictionary form of the verb. The verb「する」has the two forms:「するべく」and「すべく」.	为了 A（目的），B *A 使用动词的"辞书形"。「する」有「するべく」和「すべく」这两种形式。	A기 위해서 (목적), B * A는 동사의「사전형」.「する」는「するべく」와「すべく」의 두 가지 형태가 있다.
Extremely A/never been as A as… *A is mostly a negative *na*-adjective「〜な」such as「不愉快」,「退屈」,「失礼」or「不健康」.	非常 A／没有超过 A 的 *A 主要使用「不愉快」「退屈」「失礼」「不健康」等表示否定的ナ形容词"〜な"。	매우 A / 이 이상 없을 정도로 A * A는 주로「不愉快」「退屈」「失礼」「不健康」등 부정적인 ナ형용사「〜な」.
With A as the deadline, B *A is a noun that expresses a deadline such as「今月」or「本日」. *This expresses the end of something that has been continuing up until the deadline.	以 A 为最后期限，B *A 使用「今月」、「本日」等表示期限的名词。 * 表示的意思是，曾经持续至今的事情要在那个期限内结束。	A를 기한으로 해서, B * A는「今月」나「本日」등 기한을 나타내는 명사. * 그 기한 안에 지금까지 계속되던 것이 끝난다는 것을 말한다.
(Just) when A, B *A is the plain form of a verb or an *i*-adjective, a *na*-adjective「〜な」or a noun「＋の」.	虽然 A，但是 B *A 使用动词、イ形容词的"普通形"、ナ形容词"〜な"、名词"＋の"。	A −ㄴ/는데, B * A는 동사, イ형용사의「보통형」, ナ형용사「〜な」, 명사「＋の」.
B which is related to A (something important) *Both A and B are nouns.	与 A 这样重大的事件有关系的 B *A 和 B 都是名词。	A라는 중대한 것에 관계하는 B * A도 B도 명사.

109

ユニット 6 使えるようになろう

書き換えよう　例のように、書き換えるところに＿＿を引き、□の中から適当な言葉を選んで書き換えましょう。例を入れて、全部で 10 こあります。

（正解→ 115 ページ）

お詫び

拝啓　早春の候　御社には益々ご発展のこととお慶び申し上げます。

さて、過日<u>我が社</u>において、開催いたしました新商品説明会にご多忙なのに、お運びくだ
例）弊社

さいまして、誠にありがとうございました。本日はお詫びを申し上げたく、ご連絡させていただいたわけです。山本様がご来場の際、商品に関して、大変貴重なご意見を賜ったにもかかわらず、社員が非常に失礼な受け答えをしたと報告を受けております。今回対応させていただいた者は派遣社員であったといっても、私どもの教育の不徹底が招いた事態であると、深く反省いたしております。このような不祥事はひとり外商部だけではなく、社全体の責任であり、今後の弊社の行く末に深く関係する重大問題であると認識いたしております。今後はユーザーのご要望に応える企業を目指すために、お客様のご意見の大小に関係なく、感謝の念を忘れずに、商品開発に活かしてまいりたいと存じます。

最後に、この度の失礼を重ねて、お詫び申し上げます。

追伸：商品開発部は 12 月 31 日を期限として、名称を商品開発局と改名いたします。

敬具

極まりないところを	とはいえ	弊社	いかんによらず	ひとり～のみならず
	にかかわる	べく	をもって	次第だ

| 力試しテスト | → | ポイントを整理しよう | → | 使えるようになろう | → | 確認問題 |

自分を表現しよう

次の質問に、あなたのことやあなたの考えなどを答えましょう。例のように〈　〉内の文法を使いましょう。　　（解説→115ページ）

1) 日本語を勉強しているといっても、できないことについて、教えてください。
　　〈AとはいえB〉　例）5年間日本語を勉強している<u>とはいえ</u>、込み入った話になるとわかりません。

_____

2) あなたの結婚式に来てくれた人達に何と挨拶しますか。
　　〈Aところを、B〉　例）ご多忙の<u>ところを</u>、お越しくださいまして、ありがとうございます。

_____

3) あなたが勤める会社がどんな会社か説明してください。
　　〈弊社〉　例）<u>弊社</u>は主に語学系の本を出版しております。

_____

4) 「本当に失礼だ」と思った経験を教えてください。
　　〈A極まりない〉　例）初めて会ったのに、年収を聞かれたことがあって、失礼<u>極まりない</u>と思いました。

_____

5) あなたの国の将来に深く関係する問題について、教えてください。
　　〈AにかかわるB〉　例）消費税の増税は国の将来<u>にかかわる</u>問題だと思います。

_____

6) あなたが留学を決めた理由を教えてください。
　　〈A次第だ〉　例）両親に強く勧められ、留学を決めた<u>次第</u>です。

_____

ユニット6

こんな時どう言う？（ロールプレイ）

AさんとBさんになって会話をします。まず、☐の文章を読んで、このユニットで習った文法を使って、AさんとBさんの会話文を考えましょう。その後、ヒントを参考にして、下の会話文を完成させましょう。

（解答例→116ページ）

Aさん： 日本人女性、Bさんのクラスメート	Bさん： 日本人男性、Aさんのクラスメート、留学生Cさんの知人
留学生のCさんと、今日初めて話しました。Cさんに年齢を聞かれたので、答えると、「もっと年上だと思った」と言われました。まずはそのことをCさんの知人であるBさんに伝えましょう。答えを待って、「留学生で、習慣が違うといっても、失礼だ」という思いをBさんに話しましょう。	AさんがCさんに対する不満を言ってきます。それを聞いて、「それは大変失礼だ」と答えましょう。

＜会話文＞

A：Cさん、今日初めて会ったのに、年齢を聞いてくるんだよ。

B：そうなんだ。

A：しかも、私の年を聞いて、「もっと年上だと思った」って言ったの。

B：それは＿＿＿＿＿＿＿＿＿＿＿＿＿＿＿＿＿＿ね。

ヒント：「大変失礼だ」と不快感を表したい時、どう言う？

A：でしょ。留学生で＿＿＿＿＿＿＿＿＿＿＿＿、

　　失礼よね。

ヒント：「習慣が違うといっても」をこのユニットの文法で言うとどうなる？

| 力試しテスト | ポイントを整理しよう | **使えるようになろう** | 確認問題 |

練習しよう

Aさんと会話をします。あなたはBさんです。Aさんが①～③のように言ったら、例のように〈 　〉内の文法を使って、答えましょう。Cさんには、友達の名前を入れて考えてみましょう。（解答例→117ページ）

例）〈Aみたいだ〉
① A：Cさんを探しているんですが、どこかで見ませんでしたか。
→ B：もう帰ってしまったみたいですね。
② A：あそこ、見てください。大勢人が集まっていますよ。
→ B：何かやっているみたいですね。
③ A：Cさん、会社を早退しちゃったね。元気、なかったなあ。
→ B：体調が悪いみたいだね。

1）〈Aいかんによらず、B〉
① A：体調はいいんですが、健康診断を受けなければなりませんか。
→ B：

② A：副収入はあまりないんですが、確定申告（かくていしんこく）が必要でしょうか。
→ B：

③ A：木曜日の授業を休んだ件ですが、理由があるんです。
→ B：

2）〈A極まる（極まりない）〉
① A：ゆうべ夜中の2時に間違い電話をしてくる人がいたんですよ。
→ B：

② A：あのレストランのウエイター、自分が聞き間違えておいて、一言も謝らないんですよ。
→ B：

③ A：ああ、D先生の授業、また寝ちゃうかも。だって、退屈なんだもん。
→ B：

113

ユニット6

3) 〈AとはいえB〉
   ① A：うるさいですね、選挙カー。
   → B：

   ② A：最近の小学生は体格がいいですね。
   → B：

   ③ A：今の子は学校が終わっても、塾があって、大変だね。
   → B：

4) 〈AにかかわるB〉
   ① A：A社から我が社の商品を批判された件ですが、どのように対処いたしましょうか。
   → B：

   ② A：教師の指導力次第で、生徒の将来が決まることってあるでしょうね。
   → B：

   ③ A：医者って、すごく責任ある仕事だよね。
   → B：

5) 〈A次第だ〉
   ① A：(企業への記者の取材で) 海外進出に至った経緯を教えていただけますでしょうか。
   → B：

   ② A：(芸能人の離婚会見で) 離婚を決意なさった理由をお聞かせください。
   → B：

   ③ A：(大学への記者の取材で) 新学部を設立なさった経緯をお聞かせください。
   → B：

「使えるようになろう」正解・解答例・解説

書き換えよう

お詫び

　拝啓　早春の候　御社には益々ご発展のこととお慶び申し上げます。

　さて、過日<u>我が社</u>において、開催いたしました新商品説明会に<u>ご多忙なのに</u>、お運びください
　　　　　　例）弊社　　　　　　　　　　　　　　　　　　　　　ご多忙のところを
まして、誠にありがとうございました。本日はお詫びを申し上げたく、ご連絡させていただいた

<u>わけです</u>。山本様がご来場の際、商品に関して、大変貴重なご意見を賜ったにもかかわらず、社員
次第です

が<u>非常に失礼な</u>受け答えをしたと報告を受けております。今回対応させていただいた者は派遣社員
　失礼極まりない

であった<u>といっても</u>、私どもの教育の不徹底が招いた事態であると、深く反省いたしております。
　　　　　とはいえ

このような不祥事は<u>ひとり外商部だけではなく</u>、社全体の責任であり、今後の弊社の行く末に<u>深く</u>
　　　　　　　　ひとり外商部のみならず　　　　　　　　　　　　　　　　　　　にかかわる

<u>関係する</u>重大問題であると認識いたしております。今後はユーザーのご要望に応える企業を目指す

<u>ために</u>、お客様のご意見の大小<u>に関係なく</u>、感謝の念を忘れずに、商品開発に活かしてまいりたい
　べく　　　　　　　　　　　　（の）いかんによらず

と存じます。

　最後に、この度の失礼を重ねて、お詫び申し上げます。

追伸：商品開発部は12月31日<u>を期限として</u>、名称を商品開発局と改名いたします。
　　　　　　　　　　　　　　をもって

敬具

自分を表現しよう

1)

| 例の「込み入った話」とは、複雑で難しい話という意味。 | 「込み入った話」 in the example means complicated and difficult Japanese. | 例句中的「込み入った話」的意思是，复杂又难懂的话题。 | 예문의「込み入った話」라는 것은 복잡하고 어려운 이야기라는 의미. |

2）例えば、「お忙しいところを」「天候が悪いところを」などがある。	For example,「お忙しいところを」or「天候が悪いところを」.	比如还可以说,「お忙しいところを」「天候が悪いところを」等。	예를 들면,「お忙しいところを」「天候が悪いところを」등이 있다.
3）「弊社」というのは、我が社の謙譲表現である。尊敬表現は「御社」になる。	「弊社」is a humble expression for our company. The respectful expression is「御社」.	「弊社」是对自己的公司的谦让表达形式。尊敬的表达形式是「御社」。	「弊社」라는 것은 우리 회사의 겸양표현이다. 존경표현은「御社」가 된다.
4）「失礼極まりない」は「失礼極まる」と言い換えてもよい。	「失礼極まりない」can be rephrased as「失礼極まる」.	「失礼極まりない」也可以换说成「失礼極まる」。	「失礼極まりない」는「失礼極まる」라고 바꾸어 말해도 좋다.
5）「国の将来にかかわる問題」は「国の将来という重大なことに深く関係する問題」という意味。	「国の将来にかかわる問題」means issues that are closely related to the future of the country, which is important.	「国の将来にかかわる問題」的意思是,"与国家未来这样的重大事情有着深刻关系的问题"。	「国の将来にかかわる問題」는 <나라의 장래라는 중대한 것에 깊이 관계하는 문제> 라는 의미.
6）例えば、「日本語が上達したいと思い、留学を決めた次第です」などがある。	For example,「日本語が上達したいと思い、留学を決めた次第です」.	比如,「日本語が上達したいと思い、留学を決めた次第です。」等表达。	예를 들면,「日本語が上達したいと思い、留学を決めた次第です。」등이 있다.

こんな時どう言う？（ロールプレイ）

A：Cさん、今日初めて会ったのに、年齢を聞いてくるんだよ。
B：そうなんだ。
A：しかも、私の年を聞いて、「もっと年上だと思った」って言ったの。
B：それは<u>失礼極まりない</u>ね。　　◀「失礼極まるね。」も同じ意味。
A：でしょ。留学生で<u>習慣が違うとはいえ</u>、　　◀「習慣が違うといっても」よりもかたい表現。
　　失礼よね。

練習しよう

1）〈Aいかんによらず、B〉
　①ええ、体調のいかんによらず、全員受けていただきます。
　②副収入の額いかんによらず、確定申告はしなければなりません。
　③そうですか。しかし、理由のいかんによらず、欠席は欠席です。

2）〈A極まる（極まりない）〉
　①夜中の2時ですか。非常識極まりますね。
　②え、それは失礼極まりないですね。
　③わかる。退屈極まりないよね。

3）〈Aとはいえ、B〉
　①本当に。選挙とはいえ、もう少し音量を下げてくれないかしらね。
　②そうですね。小学生とはいえ、170センチくらいある子もいますからね。
　③そうだね。受験があるとはいえ、勉強、勉強じゃ、ストレスもたまるよね。

4）〈AにかかわるB〉
　①我が社の名誉にかかわることだから、文書でもって、抗議しましょう。
　②そうですね。人の将来にかかわることなので、先生も責任重大ですよね。
　③そうだね。命にかかわる仕事だからね。

5）〈A次第だ〉
　①海外企業から、ぜひ国に誘致したいとの申し出があり、海外進出に至った次第です。
　②すれ違いが続いたこと、価値観の相違に気付いたことから、離婚を決意した次第です。
　③社会からの要請があると判断し、新学部を作るに至った次第です。

ユニット 4~6 確認問題

/100点

（2点×50問=100点）

問題1　次の文の（　）に入れるのに最もよいものを、1・2・3・4から一つ選びなさい。

（1）職場を変わって（　　）、ストレスで胃が痛むことが多い。
　　1　ばかりに　　　2　たまらず　　　3　ならなく　　　4　からというもの

（2）殺人現場はすべて内側から鍵がかかっていた。犯人は、館内にいたのでは（　　）。
　　1　ちがいない　　2　あるまいか　　3　ないだろう　　4　かかわりない

（3）男（　　）、少々のことで愚痴や不満を言うべからず。
　　1　どころか　　　2　たる者　　　　3　にしてみれば　4　なくして

（4）この度は、（　　）の製品の不具合により、多くのお客様にご迷惑をおかけし、申し訳ありませんでした。
　　1　御社　　　　　2　弊社　　　　　3　貴社　　　　　4　低社

（5）どうしてこんなに混雑しているの？　祭り会場（　　）。
　　1　にすぎない　　2　だらけだ　　　3　じゃあるまいし　4　にかかわる

（6）この道路を見通しよくするのは、子供たちの安全（　　）ことですから、行政に真剣に考えていただきたい。
　　1　にかかわる　　2　ならではの　　3　だけのことはある　4　に対する

（7）自分（　　）がんばったというのは自己満足でしかない。結果を残して初めて、人に認めてもらえるのだ。
　　1　なりに　　　　2　にかかわる　　3　といっても　　4　をめぐって

（8）大事なところで緊張して、ミスをしてしまった。痛恨（　　）。
　　1　の極みだ　　　2　次第だ　　　　3　にすぎない　　4　に越したことはない

（9）お電話いただいたようなので、折り返しご連絡させていただいた（　　）。
　　1　とたんです　　2　ものです　　　3　しまつです　　4　次第です

（10）より効果のあるエイズ治療薬を開発する（　　）、日々研究がなされている。
　　1　かわりに　　　2　べく　　　　　3　というより　　4　ともなると

（11）何の世界でもリーダー（　　）、私情を挟まず、全体の利益を第一に考えるべきだ。
　　1　たる者　　　　2　とあって　　　3　にもかかわらず　4　にせよ

| 力試しテスト | ポイントを整理しよう | 使えるようになろう | 確認問題 |

(12) 若者のコミュニケーション力の低下は、携帯電話への依存が原因ではある（　　　）。
　　1　だろう　　　　2　まいか　　　　3　だろうか　　　　4　まい

(13) 2時間かかってやっと釣り上げた魚に逃げられてしまい、悔しい（　　　）。
　　1　ものである　　2　はずがない　　3　といったらない　4　たまらない

(14) 俳優のAは、男の目（　　　）、かっこいいと思う。
　　1　から見ても　　2　とはいえ　　　3　ゆえに　　　　　4　をおいて

(15) 近年、就職難はひとり地方都市（　　　）、大都市においても、見られる傾向です。
　　1　だけあって　　2　ばかりに　　　3　のみならず　　　4　における

(16) 国民栄誉賞をいただけて、光栄の（　　　）でございます。
　　1　至り　　　　　2　痛み　　　　　3　しまつ　　　　　4　恐れ

(17) 社員の不満の声（　　　）、社長は休日出勤を強制している。
　　1　にしたがって　2　はもとより　　3　をよそに　　　　4　だけあって

(18) 弟はまじめで、酒も（　　　）、ギャンブルもやらない。
　　1　飲むし　　　　2　飲んだら　　　3　飲んでも　　　　4　飲まなければ

(19) 痴漢をするなんて、警察官にある（　　　）行為だ。
　　1　しかない　　　2　までもない　　3　まじき　　　　　4　恐れがある

(20) お客様にはご迷惑をおかけしておりますが、一日も早く製造を再開する（　　　）、準備を進めております。
　　1　かわりに　　　2　なり　　　　　3　べく　　　　　　4　うちに

(21) 本日は遠い（　　　）、父の古希の祝いに起こしくださいまして、ありがとうございます。
　　1　ところに　　　2　ところで　　　3　ところを　　　　4　ところが

(22) 静かだから、息子は勉強しているのか（　　　）、ぐうぐういびきをかいて、寝ていた。
　　1　と思いきや　　2　のように　　　3　ばかりか　　　　4　にもかかわらず

(23) 森の中に入ったら、蚊に何カ所もさされて、かゆい（　　　）。
　　1　わけではない　2　といったらない　3　ことになる　　　4　恐れがある

(24) 理由の（　　　）、人を殴るのはよくない。
　　1　きっかけとして　2　いかんによらず　3　上で　　　　　4　わけがなく

(25) 戦前から愛されてきた球団Bは、今シリーズ（　　　）、解散することになりました。
　　1　をもって　　　2　をおいて　　　3　をはじめ　　　　4　を通して

ユニット4~6

(26) 朝早くから職場に向かう夫（　　　）、妻は友人とのんびりカフェでコーヒータイムを過ごしている。
1　こととて　　　2　をよそに　　　3　からして　　　4　にもまして

(27) 今の社長の説明（　　　）、今後の商品販売計画を立てたいと思います。
1　をふまえて　　2　に反して　　　3　にかかわらず　4　といえば

(28) たばこの吸い殻を車外に捨てるなど、不作法（　　　）。
1　にすぎない　　2　よりほかない　3　極まりない　　4　に至る

(29) 介護士になったばかりの頃は、仕事（　　　）、他人の下の世話をするのは、抵抗がありました。
1　がてら　　　　2　とはいえ　　　3　かと思ったら　4　どころか

(30) 自分のこと（　　　）満足にできないお前に保育士などできるわけがないだろう。
1　のみならず　　2　ながらも　　　3　さえ　　　　　4　とはいえ

(31) 記者会見では、不祥事を起こした会社の社長に矢（　　　）、質問が投げかけられた。
1　のごとく　　　2　ゆえに　　　　3　とはいえ　　　4　のかわりに

(32) 大人からすれば、大したことではないかもしれないが、子供は子供（　　　）、悩んでいる。
1　に対して　　　2　を問わず　　　3　なりに　　　　4　からいって

(33) 別れた彼からもらったプレゼントは、燃やさない（　　　）、捨ててしまおうと思う。
1　までも　　　　2　どころか　　　3　かぎり　　　　4　からといって

(34) 模擬試験の結果（　　　）、第1志望校は変えるつもりはない。
1　にしてみれば　2　いかんによらず　3　をおいて　　　4　ながら

(35) 雨音が聞こえなくなったから、やんだ（　　　）、また激しく降り出した。
1　以上　　　　　2　かと思いきや　　3　上で　　　　　4　あげく

問題2　次の文の＿★＿に入る最もよいものを、1・2・3・4から一つ選びなさい。

(36) 最近物忘れが激しい。1時間前のこと＿＿＿＿＿＿★＿＿＿＿＿＿＿＿＿ことさえ覚えていない。
1　今　　　　　　2　言われた　　　3　どころか　　　4　さっき

(37) 子供を産んで＿＿＿＿＿＿★＿＿＿＿＿＿＿＿＿など一切なくなった。
1　いうもの　　　2　自分の　　　　3　時間　　　　　4　からと

(38) 退院後___★___ ___ ___ ___無理はできません。
　　1　まだ　　　　　2　体調は　　　　　3　戻りつつ　　　　4　ありますが

(39) 被災地の家に空き巣に入る___ ___ ___★ ___行為だ。
　　1　まじき　　　　2　なんて　　　　　3　ある　　　　　　4　人に

(40) ガス漏れ爆発した現場でたばこを___ ___★ ___ ___。
　　1　極まりない　　　2　危険　　　　　　3　吸う　　　　　　4　とは

(41) 大成功とは___ ___ ___★ ___思います。
　　1　ではないと　　　2　言えない　　　　3　失敗　　　　　　4　までも

(42) このプロジェクトは、___ ___ ___★ ___ものだ。
　　1　重要な　　　　　2　我が社の　　　　3　にかかわる　　　4　将来

(43) わずか1万円の___ ___★ ___ ___大変ありがたい。
　　1　でも　　　　　　2　にすれば　　　　3　庶民　　　　　　4　手当て

(44) 眼鏡を___ ___★ ___ ___全く見えなくて、困った。
　　1　字が　　　　　　2　忘れた　　　　　3　黒板の　　　　　4　ばかりに

(45) 今や___ ___ ___★ ___若い男性から熟年紳士の間でも愛読されている。
　　1　ひとり　　　　　2　のみならず　　　3　ファッション誌は　4　女性

(46) 田舎___ ___ ___★ ___工場がいくつかある。
　　1　この辺りには　　2　とはいえ　　　　3　企業の　　　　　4　有名な

(47) 来月の大阪公演___ ___ ___★ ___いただくことになりました。
　　1　休止　　　　　　2　芸能活動を　　　3　をもって　　　　4　させて

(48) 3歳の姪っ子は、天使の___ ___★ ___ ___人々を幸せにしてくれる。
　　1　愛くるしい　　　2　笑顔で　　　　　3　周りの　　　　　4　ごとく

(49) 羊やヤギ___ ___ ___★ ほしい。
　　1　毎食毎食　　　　2　出さないで　　　3　じゃあるまいし　　4　サラダを

(50) お客様に商品をよりご理解___ ___★ ___ ___次第です。
　　1　ため　　　　　　2　パンフレットを　3　いただく　　　　4　作成した

ユニット 4~6

「確認問題」正解・解説

正解
下の解答で答え合わせをし、118ページの□に点数を書きましょう。

問題1

(1) 4　(2) 2　(3) 2　(4) 2　(5) 3　(6) 1　(7) 1　(8) 1　(9) 4　(10) 2
(11) 1　(12) 2　(13) 3　(14) 1　(15) 3　(16) 1　(17) 3　(18) 4　(19) 3　(20) 3
(21) 3　(22) 1　(23) 2　(24) 2　(25) 1　(26) 2　(27) 1　(28) 3　(29) 2　(30) 3
(31) 1　(32) 3　(33) 1　(34) 2　(35) 2

問題2

(36) 1　最近物忘れが激しい。1時間前のことどころか ★今 さっき 言われたことさえ覚えていない。

(37) 1　子供を産んでからと ★いうもの 自分の 時間など一切なくなった。

(38) 2　退院後★体調は 戻りつつ ありますが まだ無理はできません。

ここを確認しよう

問題1は下の●と一致する文法形式が正解。問題2は学習した文法形式が●を満たす文になるように組み立てましょう。間違えた問題は、「ポイントを整理しよう」に戻って、もう一度確認しましょう（ 4 5 6 ＝ユニット番号）。

(1)(37)	● Aが動詞の「て形」　●「AてからずっとB」という内容。 ➡ 4 Aからというもの、B （1）職場を変わって（からというもの）、ストレスで胃が痛むことが多い。 　→（　）の前の「変わって」は動詞の「て形」で、「職場を変わってからずっとストレスで胃が痛むことが多い」という意味なので、「からというもの」を選ぶ。
(2)(12)	●「Aだろうと思う」「Aのではないだろうか」という内容。 ➡ 4 Aのではあるまいか （2）殺人現場はすべて内側から鍵がかかっていた。犯人は、館内にいたのでは（あるまいか）。 　→「犯人は、館内にいただろうと思う」という意味なので、「あるまいか」を選ぶ。

(39)	3	被災地の家に空き巣に入るなんて <u>人に</u> ★<u>ある</u> <u>まじき</u> 行為だ。	
(40)	4	ガス漏れ爆発した現場でたばこを吸う ★<u>とは</u> <u>危険</u> <u>極まりない</u>。	
(41)	3	大成功とは<u>言えない</u> <u>までも</u> ★<u>失敗</u> ではないと思います。	
(42)	3	このプロジェクトは、<u>我が社の</u> <u>将来</u> ★<u>にかかわる</u> <u>重要な</u>ものだ。	
(43)	1	わずか１万円の<u>手当て</u> ★<u>でも</u> <u>庶民</u> <u>にすれば</u>大変ありがたい。	
(44)	4	眼鏡を<u>忘れた</u> ★<u>ばかりに</u> <u>黒板の</u> <u>字が</u>全く見えなくて、困った。	
(45)	4	今や<u>ファッション誌は</u> <u>ひとり</u> ★<u>女性</u> <u>のみならず</u>若い男性から熟年紳士の間でも愛読されている。	
(46)	4	田舎<u>とはいえ</u> <u>この辺りには</u> ★<u>有名な</u> <u>企業の</u>工場がいくつかある。	
(47)	1	来月の大阪公演<u>をもって</u> <u>芸能活動を</u> ★<u>休止</u> <u>させていただく</u>ことになりました。	
(48)	1	３歳の姪っ子は、天使<u>のごとく</u> ★<u>愛くるしい</u> <u>笑顔で</u> <u>周りの人々を</u>幸せにしてくれる。	
(49)	2	羊やヤギ<u>じゃあるまいし</u> <u>毎食毎食</u> <u>サラダを</u>（サラダを 毎食毎食）★<u>出さないで</u>ほしい。	
(50)	1	お客様に商品をよりご<u>理解いただく</u> ★<u>ため</u> <u>パンフレットを</u> <u>作成した</u>次第です。	

In 問題1, the grammatical forms that match the descriptions marked with ● for each question are correct. In 問題2, construct the grammatical forms so that they satisfy the conditions marked with ● for each question. Go back to「ポイントを整理しよう」for any questions that you got wrong and check them over once more. (4 5 6 = Unit No.).

問題1（问题1）：和下列涂黑圈的句型一致的语法是正确答案。問題2（问题2）：运用所学过的语法排列组成满足涂黑圈句型的句子。做错了的问题请返回到「ポイントを整理しよう」，再次确认。(4 5 6 表示各单元号码)。

問題1（문제1）은 아래의 ●와 일치하는 문법형식이 정답. 問題2（문제2）는 학습한 문법형식이●를 충족하는 문장이 되도록 만듭시다. 틀린 문제는「ポイントを整理しよう」로 돌아가 다시한번 확인 합시다. (4 5 6 =단원 번호).

→ As「変わって」before ( ) is the -te form of the verb and it means that since you changed jobs, you have had frequent stomach aches due to stress,「からというもの」is correct.	→( )前的「変わって」是动词的"て形",意思是,"工作环境改变以后一直感到有压力,常常胃疼",因此选择「からというもの」。	→ ( ) 앞의「変わって」는 동사의「て형」으로, <직장이 바뀌고 나서 계속되는 스트레스로 위가 아플 때가 많다> 라는 의미가 되기 때문에「からというもの」를 선택한다.
→ As this means that you believe that the perpetrator was probably in the building,「あるまいか」is correct.	→意思是"推测犯人一定会在馆内",因此选择「あるまいか」。	→ <범인은 관내에 있을 것이라고 생각한다> 라는 의미이기 때문에「あるまいか」를 선택한다.

ユニット 4~6

(3)(11)	● 主にAが「政治家」や「弁護士」など、一般的に高く評価されている身分や立場を表す名詞 ● 「Aという立場にある者は、Bべき（なければならない）」という内容。 ➡ ⑤ **Aたる者、B** (11) 何の世界でもリーダー（たる者）、私情を挟まず、全体の利益を第一に考えるべきだ 　→「リーダー」は高く評価されている身分を表す名詞で、「リーダーという立場にある者は、全体の利益を第一に考えるべきだ」という意味なので、「たる者」を選ぶ。
(4)	➡ ⑥ **弊A**　　「ポイントを整理しよう」で確認しましょう。
(5)(49)	● Aは名詞　　● 「Aじゃないのだから（じゃないのに）、B」という内容。話者の不満や非難、否定的な判断を表すことが多い。 ➡ ⑤ **Aじゃあるまいし、B** (5) どうしてこんなに混雑しているの？　祭り会場（じゃあるまいし）。 　→（　）の前の「祭り会場」は名詞で、「祭り会場じゃないのに、（どうしてこんなに混雑しているの？）」という不満を述べているので、「じゃあるまいし」を選ぶ。
(6)(42)	● AもBも名詞　　● 「Aという重大なことに関係するB」という内容。 ➡ ⑥ **AにかかわるB** (6) この道路を見通しよくするのは、子供たちの安全（にかかわる）ことですから、行政に真剣に考えていただきたい。 　→「安全」「こと」共に名詞で、「子供たちの安全という重大なことに関係すること」という意味なので、「にかかわる」を選ぶ。
(7)(32)	● Aが人などの名詞　　● 「（十分ではないが）Aに合ったやり方でB」という内容。 ➡ ④ **Aなりに、B** (7) 自分（なりに）、がんばったというのは自己満足でしかない。結果を残して初めて、人に認めてもらえるのだ。 　→（　）の前の「自分」は名詞で、「自分に合ったやり方でがんばった」という意味なので、「なりに」を選ぶ。
(8)(16)	● Aが「感激」「光栄」などの名詞　　●「最高のA」「本当にA」という内容。ただし、「痛恨の極み」「幸福の極み」は慣用的に使われ、「至り」とは言わないので、注意。 ➡ ⑤ **Aの極み／至り** (8) 大事なところで緊張して、ミスをしてしまった。痛恨（の極みだ）。 　→（　）の前が「痛恨」という名詞で、「本当に残念で悔しい」という意味なので、「の極みだ」を選ぶ。

→ As 「リーダー」 is a noun that expresses a highly regarded station and it means that the person in the position of leader should consider overall profit above everything else, 「たる者」 is correct.	→ 「リーダー」是高度评价身份的名词，意思是"处于指挥者这种地位的人，应该把全局的利益放在第一位"，因此选择「たる者」。	→ 「リーダー」는 높이 평가되고 있는 신분을 표현하는 명사로, ＜리더라는 입장에 있는 사람은 전체의 이익을 제일로 생각해야 한다＞ 라는 의미가 되기 때문에 「たる者」를 선택한다.
→ As 「祭り会場」 before ( ) is a noun and it expresses dissatisfaction that it's not as if it's a festival (so why is it so crowded?), 「じゃあるまいし」 is correct.	→ ( )前的「祭り会場」是名词，这个句子叙述的是一种不满："明明不是庙会会场，(可是为什么这么拥挤呢)"，因此选择「じゃあるまいし」。	→ ( ) 앞의 「祭り会場」는 명사로, ＜축제장이 아닌데 (왜 이렇게 혼잡한 거야)＞ 라는 불만을 이야기하고 있기 때문에 「じゃあるまいし」를 선택한다.
→ As both 「安全」 and 「こと」 are nouns and it means that this is related to the important issue of children's safety, 「にかかわる」 is correct.	→ 「安全」和「こと」都名词，意思是"与孩子们的安全这样重大问题有关的事情"，因此选择「にかかわる」。	→ 「安全」「こと」는 둘 다 명사로, ＜아이들의 안전이라는 중대한 것에 관계하는 것＞ 이라는 의미가 되기 때문에 「にかかわる」를 선택한다.
→ As 「自分」 before ( ) is a noun and it means that you worked hard in your own way, 「なりに」 is correct.	→ ( )前的「自分」是名词，意思是"按照与自己相符的做法努力去做了"，因此选择「なりに」。	→ ( ) 앞의 「自分」는 명사로, ＜자기 자신에게 맞는 방법으로 열심히 했다＞ 라는 의미이기 때문에 「なりに」를 선택한다.
→ As 「痛恨」 before ( ) is a noun and it means that it is really a shame and it is frustrating, 「の極みだ」 is correct.	→ ( )前是名词「痛恨」，意思是"真的很遗憾和后悔"，因此选择「の極みだ」。	→ ( ) 앞에 있는 것은 「痛恨」이라는 명사로, ＜정말로 유감스러워 억울하다＞ 라는 의미가 되기 때문에 「の極みだ」를 선택한다.

ユニット4~6

(9)(50)	●「何か理由や事情があって、当然Aになる」という内容。 ➡ ⑥ **A次第だ** (9) お電話いただいたようなので、折り返しご連絡させていただいた（<u>次第です</u>）。 　→「電話をいただいた」から、当然の行動として「折り返しご連絡させていただいた」という意味なので、「次第です」を選ぶ。
(10)(20)	● Aが動詞の「辞書形」　●「Aために、B」という内容。 ➡ ⑥ **Aべく、B** (10) より効果のあるエイズ治療薬を開発する（<u>べく</u>）、日々研究がなされている。 　→（　）の前の「開発する」は動詞の「辞書形」で、「治療薬を開発するために」という意味なので、「べく」を選ぶ。
(13)(23)	● Aがイ形容詞「〜い」、または、名詞　●「ものすごくA」という内容。 ➡ ④ **Aといったらない** (13) 2時間かかって、やっと釣り上げた魚に逃げられてしまい、悔しい（<u>といったらない</u>）。 　→（　）の前の「悔しい」はイ形容詞の「〜い」の形で、「ものすごく悔しい」という意味なので、「といったらない」を選ぶ。
(14)	➡ ⑤ **Aから見ても、B**　「ポイントを整理しよう」で確認しましょう。
(15)(45)	● Aが名詞　●「ただAだけでなく、B」という内容。 ➡ ⑥ **ひとりAのみならず、B** (15) 近年、就職難はひとり地方都市（<u>のみならず</u>）、大都市においても、見られる傾向です。 　→（　）の前の「就職難」は名詞で、「就職難はただ地方都市だけでなく、大都市においても見られる」という意味なので、「のみならず」を選ぶ。
(17)(26)	● Aが名詞　●「Aを無視して（自分とは関係ないことのように）」という内容。 ➡ ⑤ **Aをよそに、B** (17) 社員の不満の声（<u>をよそに</u>）、社長は休日出勤を強制している。 　→（　）の前の「声」は名詞で、「社員の不満の声を無視して、社長は〜」という意味なので、「をよそに」を選ぶ。
(18)	➡ ⑤ **AもBば、CもD**　「ポイントを整理しよう」で確認しましょう。
(19)(39)	● Aが「ある」「許す」で、Bが「行為」「こと」などの名詞 ●「AてはいけないB」「AべきではないB」という内容。 ➡ ⑤ **AまじきB** (19) 痴漢をするなんて、警察官にある（<u>まじき</u>）行為だ。 　→（　）の前が「ある」で、（　）の後が「行為」であり、「警察官にあってはいけない行為」という意味なので、「まじき」を選ぶ。

→ As it means that because you 「電話をいただいた」you called back (which is a natural response),「次第です」is correct.	→ 意思是因为「電話をいただいた」, 理所当然的行动是"回电话联络", 因此选择「次第です」。	→ 「電話をいただいた」이기 때문에 당연한 행동으로서 < 바로 연락드렸습니다 > 라는 의미가 되므로 「次第です」를 선택한다.
→ As「開発する」before ( ) is the dictionary form of the verb and it means in order to develop a therapeutic drug,「べく」is correct.	→ ( )前的「開発する」是动词的"辞书形", 意思是"为了开发治疗药品", 因此选择「べく」。	→ ( ) 앞의 「開発する」는 동사의 「사전형」으로, < 치료약을 개발하기 위해서 > 라는 의미가 되기 때문에 「べく」를 선택한다.
→ As「悔しい」before ( ) is an *i*-adjective and it means tremendously frustrating,「といったらない」is correct.	→ ( ) 前的「悔しい」是イ形容词的"〜い", 意思是"极为后悔", 因此选择「といったらない」。	→ ( ) 앞의 「悔しい」는 イ형용사의 「〜い」의 형태로, < 굉장히 억울하다 > 라는 의미가 되기 때문에 「といったらない」를 선택한다.
→ As「就職難」before ( ) is a noun and it means that there are job shortages not only in regional cities but also in major cities,「のみならず」is correct.	→ ( ) 前的「就職難」是名词, 意思是"就业难的现象不仅在地方小城市存在, 在大城市也能看到", 因此选择「のみならず」。	→ ( ) 앞의 「就職難」은 명사로, < 취직난은 단지 지방도시뿐만 아니라 대도시에서도 볼 수 있다 > 라는 의미가 되기 때문에 「のみならず」를 선택한다.
→ As「声」before ( ) is a noun and it means that the president made working on holidays compulsory without consideration for the dissatisfaction of the employees and…,「をよそに」is correct.	→ ( ) 前的「声」是名词, 意思是"无视职员不满的呼声, 总经理〜", 因此选择「をよそに」。	→ ( ) 앞의 「声」는 명사로, < 사원의 불만을 무시하고 사장은 〜 > 라는 의미가 되기 때문에 「をよそに」를 선택한다.
→ As「ある」comes before ( ) and「行為」comes after ( ) and it means conduct that a member of the police should not engage in,「まじき」is correct.	→ ( )前使用「ある」, ( )后使用「ある」, 意思是"身为警察所不该有的行为", 因此选择「まじき」。	→ ( ) 앞은 「ある」이고, ( ) 뒤는 「行為」이며, 또, < 경찰관이라는 입장에 있어서 있어서는 안 되는 행위 > 라는 의미이기 때문에 「まじき」를 선택한다.

ユニット 4~6

(21)	➡ 6 Aところを、B 「ポイントを整理しよう」で確認しましょう。
(22)(35)	●「Aかと思ったが、実は、B」という内容。 ➡ 4 Aかと思いきや、B (22) 静かだから、息子は勉強しているのか（と思いきや）、ぐうぐういびきをかいて、寝ていた。 　→「静かだから、勉強しているかと思ったが、実は寝ていた」という意味なので、「と思いきや」を選ぶ。
(24)(34)	● Aが名詞、あるいは、名詞「＋の」　●「Aかどうかに関係がなく、B」という内容。 ➡ 6 Aいかんによらず、B (24) 理由の（いかんによらず）、人を殴るのはよくない。 　→（　）の前の「理由」は名詞で、「理由がどうかに関係なく、人を殴るのはよくない」という意味なので、「いかんによらず」を選ぶ。
(25)(47)	● Aが「期限」を表す名詞　●「Aを期限にして、B」という内容。 ➡ 6 Aをもって、B (25) 戦前から愛されてきた球団Bは、今シリーズ（をもって）、解散することになりました。 　→（　）の前の「今シリーズ」は期限を表す名詞で、「今シリーズを期限にして、解散する」という意味なので、「をもって」を選ぶ。
(27)	➡ 4 Aをふまえて、B 「ポイントを整理しよう」で確認しましょう。
(28)(40)	● Aが「不愉快」「退屈」「失礼」など否定的なナ形容詞「〜な」 ●「非常にA」「これ以上ないくらいA」という内容。 ➡ 6 A極まりない／極まる (28) たばこの吸い殻を車外に捨てるなど、不作法（極まりない）。 　→（　）の前の「不作法」は否定的なナ形容詞で、「これ以上ないくらい不作法だ」という意味なので、「極まりない」を選ぶ。
(29)(46)	●「Aといっても、B」という内容　●Bが話者の感想、意見、判断など。 ➡ 6 Aとはいえ、B (29) 介護士になったばかりの頃は、仕事（とはいえ）、他人の下の世話をするのは、抵抗がありました。 　→「仕事といっても、他人の下の世話をするのは、抵抗があった」という意味で、話者の感想を述べているので、「とはいえ」を選ぶ。
(30)	➡ 4 Aさえ、B 「ポイントを整理しよう」で確認しましょう。

→ As it means you thought he was studying because he was quiet but he was actually sleeping,「と思いきや」is correct.	→意思是，"因为很安静，还以为儿子在学习，其实是睡着了"，选择「と思いきや」。	→ <조용해서 공부하고 있다고 생각했지만, 실은 자고 있었다> 라는 의미이기 때문에「と思いきや」를 선택한다.
→ As「理由」before ( ) is a noun and it means that it is not good to punch someone regardless of the nature of the reason,「いかんによらず」is correct.	→ ( ) 前的「理由」是名词，意思是"不论理由怎么着，打人总是不对的"，因此选择「いかんによらず」。	→ ( ) 앞의「理由」는 명사로, <이유가 어쨌든 사람을 때리는 것은 좋지 않다> 라는 의미가 되기 때문에「いかんによらず」를 선택한다.
→ As「今シリーズ」before ( ) is a noun that ex-presses a deadline and it means that the team will be disbanded with the end of the current series as the deadline,「をもって」is correct.	→ ( ) 前的「今シリーズ」是表示期限的名词，意思是"以这季联赛作为最后期限，之后解散"，因此选择「をもって」。	→ ( ) 앞의「今シリーズ」는 기한을 나타내는 명사로, <이번 시리즈를 기한으로 하여 해산한다> 라는 의미가 되기 때문에「をもって」를 선택한다.
→ As「不作法」before ( ) is a negative *na*-adjective and it means that it is extremely bad manners,「極まりない」is correct.	→ ( ) 前的「不作法」是否定形式的ナ形容词，意思是"没有比这个再没规矩的了"，因此选择「極まりない」。	→ ( ) 앞의「不作法」는 부정적인 ナ형용사로, <더 이상없을 정도로 무례하다> 라는 의미가 되기 때문에「極まりない」를 선택한다.
→ As this means that even although it was his job, he felt uncomfortable dealing with other people's personal needs and the speaker is expressing his feelings,「とはいえ」is correct.	→意思是"虽说是工作，可是照顾别人的大小便，还是有些抵抗"，叙述的是说话人的感想，因此选择「とはいえ」。	→ <일이라고 하더라고 다른 사람 밑에서 시중을 드는 것은, 거부감이 있었다> 라고 하는 의미로, 말하는 이의 감상을 이야기하고 있기 때문에「とはいえ」를 선택한다.

ユニット4~6

(31) (48)	● Aが名詞「＋の」　●「Aのように、B」という内容。 ➡ ④ **Aごとく、B** (31) 記者会見では、不祥事を起こした会社の社長に矢（のごとく）、質問が投げかけられた。 　　→「矢」は名詞で、「社長に矢のように、質問が投げかけられた」という意味なので、「のごとく」を選ぶ。
(33) (41)	● Aが動詞の「ない形」 ●「Aするのは難しい（するまではできない）が、B」という内容。 ➡ ⑤ **Aまでも、B** (33) 別れた彼からもらったプレゼントは、燃やさない（までも）、捨ててしまおうと思う。 　　→（　）の前の「燃やさない」は動詞の「ない形」で、「プレゼントは燃やすまではできないが、捨ててしまおう」という意味なので、「までも」を選ぶ。
(36)	➡ ④ **Aどころか、B**　「ポイントを整理しよう」で確認しましょう。
(38)	➡ ⑤ **Aつつある**　「ポイントを整理しよう」で確認しましょう。
(43)	➡ ⑤ **Aにすれば、B**　「ポイントを整理しよう」で確認しましょう。
(44)	➡ ④ **Aばかりに、B**　「ポイントを整理しよう」で確認しましょう。

→ As 「矢」 is a noun and it means that the press shot questions at the president like arrows from a bow, 「のごとく」 is correct.	→ 「矢」是名词，意思是"提问好像射出的箭一样，不断投向总经理"，因此选择「のごとく」。	→ 「矢」는 명사로, <사장에게 화살처럼 질문이 던져졌다> 라는 의미가 되기 때문에 「のごとく」를 선택한다.
→ As 「燃やさない」 before ( ) is the -nai form of the verb and it means that you can't go as far as burning the present but that you will throw it away, 「までも」 is correct.	→ ( ) 前的 「燃やさない」 是动词的"ない形"，意思是"虽然不能把礼物烧了，但可以把它扔了"，因此选择「までも」。	→ ( ) 앞의 「燃やさない」는 동사의 「ない형」으로, <선물을 태우기까지는 할 수 없지만, 버려버리자> 라는 의미가 되기 때문에 「までも」를 선택한다.

覚えた文法で文を書いてみよう

日本語能力試験 レベルアップトレーニング 文法

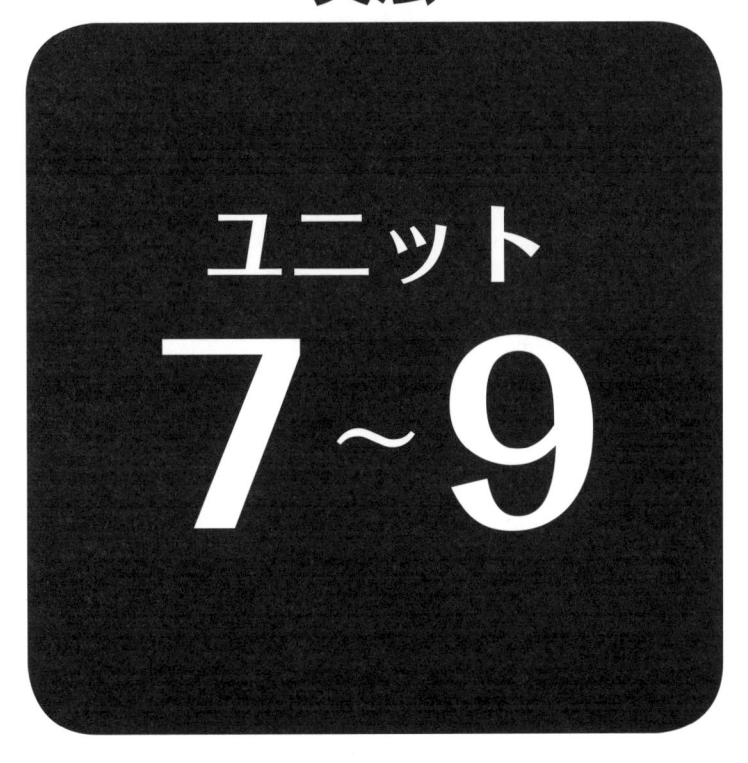

ユニット 7〜9

8〜11ページの「本書の使い方」をよく読んでから、各ユニットの学習を始めましょう。

Start the exercises in each unit after reading How to use this Book on pages 8 – 11.

请仔细阅读完从第 8 页到第 11 页的"本书的使用方法"之后，再进入到各单元的学习。

8 〜 11p 의 < 이 책의 사용 방법 > 을 잘 읽은 다음 , 각 단원의 학습을 시작합시다 .

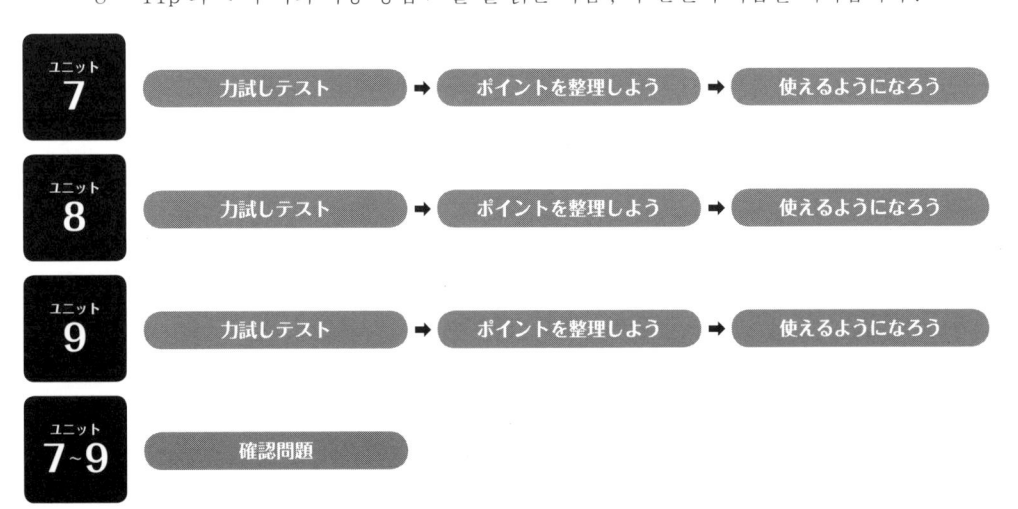

ユニット 7	力試しテスト ➡ ポイントを整理しよう ➡ 使えるようになろう
ユニット 8	力試しテスト ➡ ポイントを整理しよう ➡ 使えるようになろう
ユニット 9	力試しテスト ➡ ポイントを整理しよう ➡ 使えるようになろう
ユニット 7〜9	確認問題

ユニット7 力試しテスト　　□/100点

問題1　次の文の（　）に入れるのに最もよいものを、1・2・3・4から一つ選びなさい。
(5点×14問＝70点)

(1) 300ページ（　　　）専門書を1日で読めなんて、酷だ。
　1　なりに　　　2　ならではの　　　3　からある　　　4　たる

(2) 交通事故や病気で親を亡くした子供の悲しみの大きさは想像（　　　）。
　1　よりしかたがない　　　　2　にかたくない
　3　といったらない　　　　　4　にほかならない

(3) 職場でのパワーハラスメントが原因で、転職（　　　）。
　1　まみれだ　　　　　　　　2　というものだ
　3　を余儀なくされた　　　　4　にちがいない

(4) 弟は建築現場で肉体労働している（　　　）、筋肉質な体をしている。
　1　とあって　　　2　からといって　　　3　にひきかえ　　　4　どころか

(5) 12月のコンサート（　　　）、芸能活動を休止します。
　1　を限りに　　　2　をおいて　　　3　にしたがって　　　4　としたら

(6) 新入社員（　　　）、会社の名前を背負っている以上、責任ある行動をすべきだ。
　1　だからこそ　　　2　であれ　　　3　にもかかわらず　　　4　にあって

(7) 手話ができないために、説明しよう（　　　）できなかった
　1　から　　　2　でも　　　3　にも　　　4　とも

(8) 授業スケジュールは、学生の理解度（　　　）、柔軟に変更される。
　1　にもかかわらず　　　2　に即して　　　3　をよそに　　　4　に限って

(9) 3浪して、ようやく希望大学に合格した彼の喜びは想像（　　　）。
　1　にかたくない　　　　　　2　だけのことはある
　3　にすぎない　　　　　　　4　にきまっている

(10) 父はタレント活動をする（　　　）、小説を執筆している。
　　1　かたわら　　　2　につれて　　　3　かわりに　　　4　どころか

(11) 今年に入ってから、宝くじが当たったり、資格試験に合格したりといいこと（　　　）。
　　1　まみれだ　　　2　ずくめだ　　　3　気味だ　　　4　たてだ

(12) 空港完成後、飛行機の出す騒音に耐えきれず、引っ越し（　　　）。
　　1　しまつだ　　　2　わけだ　　　3　気味だ　　　4　を余儀なくされた

(13) 飯田（いいだ）さんは、パーティーに黒（　　　）の服で来た。カラスみたいだった。
　　1　かぎり　　　2　っぽい　　　3　ずくめ　　　4　がち

(14) 歓迎会の主役が来ていないので、会を（　　　）にも始められない。
　　1　始める　　　2　始めよう　　　3　始め　　　4　始めた

問題2　次の文の　★　に入る最もよいものを、1・2・3・4から一つ選びなさい。

（5点×6問＝30点）

(15) 200キロ＿＿＿＿＿＿＿＿＿★＿＿＿＿飛ばした。
　　1　大型力士を　　　2　小柄な力士が　　　3　からある　　　4　投げ

(16) 3日ぶりの＿＿＿＿＿＿＿＿＿★＿＿＿＿人でにぎわっている。
　　1　公園は　　　2　大勢の　　　3　晴天　　　4　とあって

(17) 門限を＿★＿＿＿＿＿＿＿＿＿＿＿＿厳しく罰せられる。
　　1　者は　　　2　寮則　　　3　破った　　　4　に即して

(18) 彼女は料理評論家＿＿＿＿＿＿＿＿＿★＿＿＿＿としても名前が売れている。
　　1　かたわら　　　2　写真家　　　3　として　　　4　活躍する

(19) たとえ＿★＿＿＿＿＿＿＿＿＿＿＿＿ことをしたら、叱るべきだ。
　　1　であれ　　　2　悪い　　　3　人の　　　4　子供

(20) 今年度＿★＿＿＿＿＿＿＿＿＿＿＿＿取りやめになりました。
　　1　開放は　　　2　を限りに　　　3　体育館の　　　4　市民への

ユニット 7 ポイントを整理しよう

正解
下の解答で答え合わせをし、134ページの□に点数を書きましょう。

問題1
(1) 3　(2) 2　(3) 3　(4) 1　(5) 1　(6) 2　(7) 3
(8) 2　(9) 1　(10) 1　(11) 2　(12) 4　(13) 3　(14) 2

ポイント
下の表は、それぞれの問題を解くために必要な文法の解説です。間違えた問題や、理解していなかったと思う問題の□に✔を書き、解説を何度も読んで、理解しましょう。

問題	解説	
□ (1) □ (15)	**AからあるB**：AもあるB ＊Aは「100枚」「300キロ」など数量を表す名詞。 ＊Aが値段の場合は、「AからするB」となる（例2）。 例1）クリーニング店のアルバイトでは、毎日1,000枚<u>からある</u>シャツを洗っている。 例2）5,000万円<u>からする</u>一戸建ての家を現金で購入した。	
□ (2) □ (9)	**Aにかたくない**：（状況から）Aするのが難しくない／容易にAできる ＊Aは「想像」「理解」などの名詞。 例）本を読まずに書いたレポートが説得力に欠けるのは想像<u>にかたくない</u>。	
□ (3) □ (12)	**Aを余儀なくされる**：意に反して、Aしなければならなくなる ＊Aは名詞。 例）海外進出を果たしたが、業績不振のため、撤退<u>を余儀なくされた</u>。	
□ (4) □ (16)	**AとあってB**：AためかB ＊Aは動詞、イ形容詞の「普通形」、ナ形容詞「〜<s>な</s>」、名詞。 例）夏の最終バーゲン<u>とあって</u>、店内は溢れんばかりの人でにぎわっている。	
□ (5) □ (20)	**Aを限りに、B**：Aを最後に、B ＊Aは時を表す名詞。 ＊Bは「休止する」「撤退する」「引退する」など「ことの終わり」を表す動詞。 例）次回の調査<u>を限りに</u>、徳川家の埋蔵金発掘調査は終了することになった。	

問題2

(15) 2　200キロからある 大型力士を ★小柄な力士が 投げ飛ばした。

(16) 1　3日ぶりの晴天 とあって ★公園は 大勢の人でにぎわっている。

(17) 3　門限を★破った 者は 寮則 に即して厳しく罰せられる。

(18) 1　彼女は料理評論家として 活躍する ★かたわら 写真家としても名前が売れている。

(19) 3　たとえ★人の 子供 であれ 悪いことをしたら、叱るべきだ。

(20) 2　今年度★を限りに 市民への 体育館の 開放は（体育館の 市民への 開放は）取りやめになりました。

The table below explains the grammar required to answer the questions. Check the box for questions that you got wrong or those that you don't think you understood and read over the explanations a number of times to make sure you understand them.
下表是为解答各类语法问题所作的解释和说明。请在容易做错的问题或者尚未理解的问题前的小方框□内划上レ记号，然后反复阅读解说，直至理解。
아래의 표는 각각의 문제를 풀기 위해, 필요한 문법 해설입니다. 틀린 문제나 이해가 안 되는 문제는 □안에 レ라고 표시한 후에, 해설을 반복해서 읽고, 이해합시다.

Explanation	解说	해설
B weighing/measuring A (large quantity) *A is a noun that expresses quantity such as「100枚」or「300キロ」. *When A is a price, the form is「AからするB」(例2).	B足有A那么～ *A 使用「100枚」「300キロ」等表示数量的名词。 *A 表示价格时，使用「AからするB」的形式（例2）。	A나 되는 B *A는「100枚」「300キロ」등 수량을 나타내는 명사. *A가 가격일 경우에는「AからするB」가 된다（例2）.
It is not difficult to A (from situation)/It is easy to A *A is a noun such as「想像」or「理解」.	（根据情况来看）不难A／很容易就能A *A 使用「想像」「理解」等名词。	（상황에서）A하는 것이 어렵다／쉽게 A할 수 있다 *A는「想像」「理解」등의 명사.
Forced to do A against one's will *A is a noun.	虽然违背心意，但是不得不A *A 使用名词。	의사와 다르게, A하지 않으면 안 된다 *A는 명사.
Because of A, B (as expected) *A can be the plain form of a verb or an i-adjective, a na-adjective「～な」or a noun.	因为A，所以B *A 使用动词、イ形容词的"普通形"、ナ形容词「～な」、名词。	A라서 인지 B *A 동사, イ형용사의「보통형」, ナ형용사「～な」, 명사.
With A as the end, B *A is a noun that expresses time. *B is a verb that expresses the end of something such as「休止する」,「撤退する」or「引退する」.	把A作为最后，B *A 使用表示时间的名词。 *B 使用「休止する」「撤退する」「引退する」等表示"事件结束"一类的动词。	A를 마지막으로, B *A는 때를 나타내는 명사. *B는「休止する」「撤退する」「引退する」등 <일의 끝>을 나타내는 동사.

ユニット7

☐ (6) ☐ (19)	**Aであれ、B**：（たとえ）Aでも、B ＊Aはナ形容詞「〜な」、名詞。 ＊「Aであっても、B」「Aであろうと、B」「Aであろうが、B」も同じ意味（例2）。 例1）家族であれ、思ったことを何でも言っていいというわけではない。 例2）同じ学校の生徒であろうと、試合になったら、ライバルだ。	
☐ (7) ☐ (14)	**AにもBない**：Aたくても、Bない ＊Aは動詞の「意志形」、Bは「可能形」の否定。 ＊動詞の「辞書形」＋に＋「可能形」の否定とほぼ同じ意味（例2）。 例1）住所も電話番号もわからないので、忘れ物を届けようにも届けられない。 例2）突然の大雪で電車がストップし、帰るに帰れない。	
☐ (8) ☐ (17)	**Aに即して、B**：Aに合わせて、B／Aにしたがって、B ＊Aは名詞。 ＊名詞を修飾する場合は「Aに即したB」となる（例2）。 例1）会議は予定表に即して、遅れることなく、進められた。 例2）罪を犯した者に対しては、法令に即した処罰を与えることになる。	
☐ (10) ☐ (18)	**Aかたわら、B**：Aすると同時にB ＊Aは動詞の「辞書形」、名詞「＋の」。 ＊AもBも職業や立場、身分を表す内容。 例）藤森先生は、大学で農薬の研究をするかたわら、各地で講演を行っている。	
☐ (11) ☐ (13)	**Aずくめだ**：Aだけだ ＊Aは「いいこと」「けっこう」「めでたいこと」「黒」などの名詞。 ＊「黒ずくめの服」のように「AずくめのB」という形もある（例2）。 例1）我が家は長男の大学合格、次男の結婚とめでたいことずくめだ。 例2）葬式じゃないんだから、黒ずくめの服で来ないでほしいものだ。	

Even if A, B A can be a *na*-adjective 「～な」 or a noun. 「Aであっても、B」,「Aであろうと、B」 and 「Aであろうが、B」 have the same meaning (例 2).	即使A，也B *A 使用ナ形容词 "～な"、名词。 *与「Aであっても、B」、「Aであろうと、B」和「Aであろうが、B」意思相同 (例 2)。	(가령) A라 해도, B *A는 ナ형용사「～な」, 명사. *「Aであっても、B」「Aであろうと、B」「Aであろうが、B」도 같은 의미 (예 2).
Even though you want to A, you can't B *A is the volitional form of the verb and B is a negation of the potential form. *This has almost the same meaning as the dictionary form of the verb +に+ a negation of the potential form (例 2).	即使想A也不能B *A 使用动词的"意志形"，B 使用"可能形"的否定形式。 *与「动词的"辞书形"＋に＋"可能形"的否定」这个句型的意思基本一样 (例 2)。	A싶어도, B없다 *A는 동사의「의지형」, B는「가능형」의 부정. *동사의「사전형」＋に＋「가능형」의 부정과 거의 같은 의미 (예 2).
In keeping with A, B/According to A, B *A is a noun. *If it modifies a noun, the form is 「Aに即したB」(例 2).	配合A，B／依据A，B *A 使用名词。 *当修饰名词时，就变成「Aに即したB」(例 2)。	A에 맞추어서, B / A에 따라서, B *A는 명사. *명사를 수식하는 경우에는「Aに即したB」가 된다 (예 2).
B as well as A *A can be the dictionary form of the verb or a noun 「＋の」. *Both A and B express profession, position or station.	在进行A的同时进行B *A 使用动词的"辞书形"、名词的"＋の"。 *A 和 B 都是表示职业、立场和身份的内容。	A하는 동시에 B *A는 동사의「사전형」, 명사「＋の」. *A도 B도 직장이나 입장, 신분을 나타내는 내용.
Only A *A is a noun such as 「いいこと」,「けっこう」,「めでたいこと」 or 「黒」. *There is also the form 「AずくめのB」 as in 「黒ずくめの服」(例 2).	净是A *A 使用「いいこと」「けっこう」「めでたいこと」「黒」等名词。 *就像「黒ずくめの服」一样，也使用「AずくめのB」的形式 (例 2)。	A뿐이다 *A는「いいこと」「けっこう」「めでたいこと」「黒」등의 명사. *「黒ずくめの服」와 같이「AずくめのB」라는 형태도 있다 (예 2).

ユニット 7 使えるようになろう

書き換えよう　例のように、書き換えるところに＿＿＿を引き、□の中から適当な言葉を選んで書き換えましょう。例を入れて、全部で9こあります。

（正解→145ページ）

　大学院生には、社会人学生と呼ばれる人達がいる。以前は学生と言えば、学業を専門に学んでいる人が定番イメージだったが、現代では社会に出た人でも、学びの機会が開かれている。例）であれ

企業に勤めながら、勉強できる制度は大変魅力のあるもののようで、文部科学省の調査では、大学院全体の20.5％を社会人学生が占めているとのことだ。また、ある調査によると、450もの大学院が社会人入試を実施しているようだ。この入試では、社会人の実状に合わせて、科目数が少なくなったり、書類を面接のみで受験できる研究科もある。もちろん社会人学生はいいことばかりというわけではない。仕事と学業の二足のわらじが大変だというのは想像が難しくない。また、仕事を辞めずに入学するのであれば、職場の理解は欠かせない。中には職場の許可が得られず、行きたくても、行けないという人もいるだろう。そのような状況で勉強の道を選ぶ場合には、方法がないため、退職しなければならない。一方、学費の面では、社会人学生は自分の貯金から捻出することも多いためか、大卒でストレートで大学院生となった学生と比べて、一般的に学習へのモチベーションが高い。

ずくめ	かたわら	を余儀なくされる	にかたくない
からある	に即して	とあって	であれ　にも〜ない

140

力試しテスト → ポイントを整理しよう → **使えるようになろう** → 確認問題

自分を表現しよう　次の質問に、あなたのことやあなたの考えなどを答えましょう。例のように〈　〉内の文法を使いましょう。　　　　（解説→ 145 ページ）

1）外国人でも、認められるべきだと思うことについて教えてください。
　　〈Aであれ、B〉　例）たとえ外国人であれ、選挙権は認められるべきだと思います。

___

2）あなたにとってとてもラッキーな日の出来事について、教えてください。
　　〈いいことずくめだ〉　例）昨日は 1,000 円拾ったり、先生に珍しくほめられたり、いいことずくめでした。

___

3）二足のわらじをはいている人のことを教えてください。
　　〈Aかたわら、B〉　例）父は学校の教師をするかたわら、音楽活動もしています。

___

4）あなたがある時を境にやめようと決意したことについて教えてください。
　　〈Aを限りに、B〉　例）私は先月の 31 日を限りに、たばこをやめました。

___

5）あなたがしたくても、できなかったことについて教えてください。
　　〈AにもBない〉　例）駅のトイレが混んでいて、入ろうにも入れませんでした。

___

6）今日の道や電車、バスの混み具合はどうでしたか。その理由も教えてください。
　　〈Aとあって、B〉　例）今日は休日とあって、朝の電車は混んでいませんでした。

___

ユニット7

こんな時どう言う？（ロールプレイ）

AさんとBさんになって会話をします。まず、□の文章を読んで、このユニットで習った文法を使って、AさんとBさんの会話文を考えましょう。その後、ヒントを参考にして、下の会話文を完成させましょう。

（解答例→ 146 ページ）

Aさん：Bさんの同僚	Bさん：Aさんの同僚
昨日のパーティーに参加予定だったBさんが待っても、待っても、来ませんでした。しかも、連絡もありませんでした。まずは、Bさんに不満を言いましょう。Bさんが言い訳をしたら、たとえそうでも、連絡はできると言いましょう。	あなたは昨日パーティーに参加するつもりでしたが、行けませんでした。そのことをAさんから指摘されます。急用ができたから、行きたくても、行けなかったことを伝えましょう。

＜会話文＞

A：Bさん、昨日のパーティー、どうして来なかったの？

　　みんな待ってたんだよ。

B：ごめん、急用ができて、＿＿＿＿＿＿＿＿＿＿＿＿＿＿の。　　【ヒント】「〜したくても、〜できない」を他の言い方で言ってみよう。

A：でも、たとえ＿＿＿＿＿＿＿＿＿＿＿＿、連絡くらい　　【ヒント】「急用でも」を別の表現で言ってみよう。

　　できるでしょう。

B：そうだね。ごめんね。

| 力試しテスト | → | ポイントを整理しよう | → | 使えるようになろう | → | 確認問題 |

練習しよう

Aさんと会話をします。あなたはBさんです。Aさんが①~③のように言ったら、例のように〈　〉内の文法を使って、答えましょう。Cさんには、友達の名前を入れて考えてみましょう。(解答例→ 147ページ)

例)〈Aみたいだ〉
① A:Cさんを探しているんですが、どこかで見ませんでしたか。
→ B:もう帰ってしまったみたいですね。
② A:あそこ、見てください。大勢人が集まっていますよ。
→ B:何かやっているみたいですね。
③ A:Cさん、会社を早退しちゃったね。元気、なかったなあ。
→ B:体調が悪いみたいだね。

1)〈AにもBない〉
① A:プールに落としたコンタクト、ありましたか。
→ B:

② A:1時間目どうして授業に来なかったんですか。
→ B:

③ A:どうしてBさんの部屋に入れてくれないの?
→ B:

2)〈Aであれ、B〉
① A:子供っぽいいじめだったら、いじめも許されるでしょうか。
→ B:

② A:外国人だったら、税金を払わなくてもいいでしょうか。
→ B:

③ A:新入社員だから、今回のミスは大目に見てやりましょう。
→ B:

143

ユニット7

3) 〈Aとあって、B〉
① A：Cさん、勉強頑張っているでしょうか。
→ B：

② A：Cさん、最近美しさに磨きがかかりましたね。
→ B：

③ A：D部長のおけがの具合はいかがでしょうか。
→ B：

4) 〈Aかたわら、B〉
① A：Cさん、あいかわらずお忙しいんでしょうね。
→ B：

② A：Bさんのお父さん、新しい仕事を始められたんですって？
→ B：

③ A：D先生って、日本語教師以外の仕事もしているそうですね。
→ B：

5) 〈Aずくめだ〉
① A：Cさん、宝くじが当たったし、恋人もできたし、大学にも合格したらしいですね。
→ B：

② A：Cさん、靴も服も帽子まで黒いですよ。
→ B：

③ A：実は、3月に息子が結婚しまして。来月初孫が生まれるんです。
→ B：

「使えるようになろう」正解・解答例・解説

書き換えよう

　大学院生には、社会人学生と呼ばれる人達がいる。以前は学生と言えば、学業を専門に学んでいる人が定番イメージだったが、現代では社会に出た人<u>でも</u>、学びの機会が開かれている。企業
　　　　　　　　　　　　　　　　　　　　　　　　　　　　　　　　例）であれ
に<u>勤めながら</u>、勉強できる制度は大変魅力のあるもののようで、文部科学省の調査では、大学院
　勤めるかたわら
全体の20.5％を社会人学生が占めているとのことだ。また、ある調査によると、450<u>もの</u>大学院
　　　　　　　　　　　　　　　　　　　　　　　　　　　　　　　　　　　からある
が社会人入試を実施しているようだ。この入試では、社会人の実状に<u>合わせて</u>、科目数が少なく
　　　　　　　　　　　　　　　　　　　　　　　　　　　　　に即して
なったり、書類を面接のみで受験できる研究科もある。もちろん社会人学生は<u>いいことばかりと</u>
　　　　　　　　　　　　　　　　　　　　　　　　　　　　　　　　　　いいことずくめ
いうわけではない。仕事と学業の二足のわらじが大変だというのは<u>想像が難しくない</u>。また、仕
　　　　　　　　　　　　　　　　　　　　　　　　　　　　　　　　に難くない
事を辞めずに入学するのであれば、職場の理解は欠かせない。中には職場の許可が得られず、
<u>行きたくても、行けない</u>という人もいるだろう。そのような状況で勉強の道を選ぶ場合には、方法
　行こうにもいけない
がないため、<u>退職しなければならない</u>。一方、学費の面では、社会人学生は自分の貯金から捻出す
　　　　　　退職を余儀なくされる
ることも多い<u>ためか</u>、大卒でストレートで大学院生となった学生と比べて、一般的に学習へのモチ
　　　　　　とあって
ベーションが高い。

自分を表現しよう

1）

| 「Aであれ、B」はナ形容詞「〜な」、名詞に付いて、「Aでも、B」という意味。 | 「Aであれ、B」following a na-adjective「〜な」or a noun means even if A, B. | 「Aであれ、B」中的A使用ナ形容词"〜な"、名词，表示的意思是"即使A，也B"。 | 「Aであれ、B」는 ナ형용사「〜な」, 명사에 붙어서 < A라도, B > 라는 의미. |

2）

| 「いいことずくめ」は「いいことばかり」という意味。 | 「いいことずくめ」means only good things. | 「いいことずくめ」的意思是"净是好事"。 | 「いいことずくめ」는 < 좋은 일만 있다 > 라는 의미. |

3） 「二足のわらじをはく」というのは「二つのこと（仕事や学業など）を同時にする」という意味。	「二足のわらじをはく」means to do two things (work and study) simultaneously.	「二足のわらじをはく」的意思是"两件事（工作和学业）同时进行"。	「二足のわらじをはく」라고 하는 것은 < 두 가지 일 (일이나 학업등) 을 동시에 한다 > 라는 의미.
4） 例は、「私は先月の 31 日を境にたばこをやめた」という意味。	The example means that you gave up smoking on the 31st (the end of) of last month.	例句的意思是，"我以上个月31号那天为界，把烟戒了"。	예문은 < 나는 지난 달 31일 날짜로 담배를 끊었다 > 라는 의미.
5） 「A（意志形）にも B（可能形の否定）」で「A たくても、B できない」という意味。	「A (volitional form) にも B (negation of potential form)」means even though you want to A, you can't B.	句型「A（意志形）にも B（可能形的否定）」的意思是"即使想A，也不能B"。	「A（의지형）にも B（가능형의 부정）」에서 < A 싶어도, B 할 수 없다 > 는 의미.
6） 「A とあって、B」は「A ためか、B」という意味。	「A とあって、B」means because of A, B (as expected).	「A とあって、B」的意思是"因为A，所以B"。	「A とあって、B」는 < A 라서 인지, B > 라는 의미.

こんな時どう言う？（ロールプレイ）

A：Bさん、昨日のパーティー、どうして来なかったの？
　　みんな待ってたんだよ。
B：ごめん、急用ができて、行こうにも行けなかったの。　　←「行くに行けなかった」も同じ意味。
A：でも、たとえ急用であれ、連絡くらい　　←「急用であっても」「急用であろうと」
　　できるでしょう。　　　　　　　　　　　　「急用であろうが」も同じ意味。
B：そうだね。ごめんね。

力試しテスト ➡ ポイントを整理しよう ➡ 使えるようになろう ➡ 確認問題

練習しよう

1)〈Aにも、Bできない〉
　①いや、プールじゃ、探そうにも探せなくて……。
　②急用ができて、行こうにも行けなくて……。
　③いや、汚くて、入れようにも入れられないんだ。

2)〈Aであれ、B〉
　①いいえ、たとえ子供っぽいいじめであれ、いじめは許されません。
　②いいえ、たとえ外国人であれ、税金は払わなければなりません。
　③新入社員であれ、ミスはミスです。

3)〈Aとあって、B〉
　①来月が大学受験とあって、一生懸命勉強していますよ。
　②本当ですね。恋人ができたとあって、ますますきれいになりましたね。
　③複雑骨折とあって、治るには時間がかかるらしいですよ。

4)〈Aかたわら、B〉
　①そうですね。大学の教授をするかたわら、小説も書いていらっしゃいますからね。
　②ええ、不動産業をするかたわら、インターネットビジネスも始めたんです。
　③ええ、日本語を教えるかたわら、英会話学校で教師もなさっているそうです。

5)〈Aずくめだ〉
　①そうらしいですね。いいことずくめですね。
　②本当だ。黒ずくめですね。
　③わあ、おめでたいことずくめですね。

ユニット 8 力試しテスト　□／100点

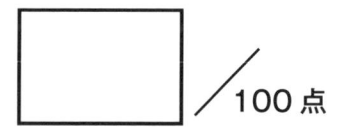

問題1　次の文の（　　）に入れるのに最もよいものを、1・2・3・4から一つ選びなさい。
（5点×14問＝70点）

（1）海外旅行で引ったくりにあうなんて、考える（　　）恐ろしい。
　　1　からには　　　2　だに　　　3　にあたって　　　4　ばかりに

（2）泥酔（でいすい）した父は、大声で騒ぎたてたかと思うと、玄関で寝込む（　　）。
　　1　しまつだ　　　2　次第だ　　　3　ほかない　　　4　かのようだ

（3）高い授業料を払って、短期留学している身としては、1日（　　）、無駄にしたくない。
　　1　だからこそ　　　2　だけには　　　3　たりとも　　　4　にしてみれば

（4）このスタジオは管理人の許可を得る（　　）、利用することはできません。
　　1　ばかりに　　　2　とは　　　3　ことなしに　　　4　以上

（5）親の支援（　　）学生生活であることを忘れず、感謝して、勉強に励（はげ）みたい。
　　1　なりの　　　2　といえば　　　3　といっても　　　4　あっての

（6）うちの娘に手を出したら、殴らない（　　）ぞ。
　　1　ほどでもない　　　2　ではおかない　　　3　にしてもだ　　　4　ところだ

（7）先生が教室を出る（　　）、学生たちは一斉におしゃべりを始めた。
　　1　が最後　　　2　わけもなく　　　3　からには　　　4　なり

（8）絶対に最後までやり抜くと宣言した（　　）、途中で投げさせない。
　　1　くせに　　　2　上に　　　3　とたん　　　4　手前

（9）先生がお辞めになったら、学校はどうなるんでしょう。先生（　　）本校なんですから。
　　1　あっての　　　2　を限りに　　　3　をもって　　　4　たりとも

（10）近頃の子供は一人で行動することを恐がり、グループを作りたがる（　　）。
　　1　にはあたらない　　2　きらいがある　　3　がちだ　　　4　といったところだ

(11) 大学4年の時に書いた論文は稚拙すぎて、読む（　　　）。
　1　ほかない　　　　　　　　　　2　だけのことはある
　3　に相違ない　　　　　　　　　4　にたえない

(12) 彼は議論する中で形勢が不利になると、ふてくされ、最後には怒りだす（　　　）。
　1　にあたらない　　　　　　　　2　といったところだ
　3　しまつだ　　　　　　　　　　4　限りだ

(13) 娘の言い訳はいつも自分勝手で、聞く（　　　）。
　1　までだ　　2　にたえない　　3　かのようだ　　4　さえある

(14) 今度浮気してごらん。（　　　）おかないわよ。
　1　別れてから　2　別れるくせに　3　別れないでは　4　別れたにしても

問題2　次の文の＿★＿に入る最もよいものを、1・2・3・4から一つ選びなさい。

（5点×6問＝30点）

(15) 異文化に＿＿＿＿＿＿＿＿★＿＿＿＿＿していては、国際人にはなれない。
　1　ことなしに　　2　言葉の　　　3　触れる　　　4　勉強ばかり

(16) 迷子の子供は、母親の＿＿＿＿＿★＿＿＿＿＿＿＿＿＿泣き出した。
　1　見る　　　　　2　大声で　　　3　姿を　　　　4　なり

(17) 試験前日は遊ぶ＿★＿＿＿＿＿＿＿＿＿＿＿＿。
　1　ありません　　2　時間など　　3　たりとも　　4　1分

(18) 奨学金を＿＿＿＿＿★＿＿＿＿＿＿＿＿＿ことはできない。
　1　怠る　　　　　2　もらっている　3　学業を　　　4　手前

(19) 彼は物事を＿★＿＿＿＿＿＿＿＿＿＿ある。
　1　考える　　　　2　悪い　　　　3　きらいが　　4　方へ

(20) 大ファンの歌手Cに握手して＿＿＿＿＿＿＿＿＿＿＿＿＿★＿思わなかった。
　1　にだに　　　　2　もらえる　　3　夢　　　　　4　なんて

ユニット 8 ポイントを整理しよう

正解 下の解答で答え合わせをし、148ページの□に点数を書きましょう。

問題1
（1）2　（2）1　（3）3　（4）3　（5）4　（6）2　（7）4
（8）4　（9）1　（10）2　（11）4　（12）3　（13）2　（14）3

ポイント 下の表は、それぞれの問題を解くために必要な文法の解説です。間違えた問題や、理解していなかったと思う問題の□に✔を書き、解説を何度も読んで、理解しましょう。

問題	解説	
□（1） □（20）	**AだにB**：Aも／さえB ＊Aは「考える」「聞く」「想像する」など、動詞の「辞書形」、「夢」「想像」などの名詞。BはAが動詞の場合、「恐ろしい」となることが多く、Aが名詞の場合、否定が来る。 ＊「夢」の場合、「夢にだに思わない」のように「にだに」となることが多い。 例）上空2,000メートルから飛び降りるスカイダイビングは、想像する<u>だに</u>恐ろしい。	
□（2） □（12）	**Aしまつだ**：最終的にAというもっと悪い結果になった ＊Aは動詞の「辞書形」「ている」。 例）買い始めた犬のジョンときたら、なんにでもかみついて、洗濯をしたシャツを破る<u>しまつです</u>。	
□（3） □（17）	**Aたりとも、B**：AもBない ＊Aは「1分」「1日」など「1＋助数詞」で、Bは否定。 ＊Bは「無駄にはできない」「無駄には使えない」などの表現が多い。 例）アルバイトで生計を立てているので、1円<u>たりとも</u>無駄には使えない。	
□（4） □（15）	**Aことなしに、B**：Aしないで、B ＊Aは動詞の「辞書形」。 例）親の愛情を注ぐ<u>ことなしに</u>、子供はまっすぐに育たない。	
□（5） □（9）	**AあってのB**：Aがなければ成立（存在）しないB ＊AもBも名詞。 例）ファン<u>あっての</u>私です。これからもファンの方々を大切に音楽活動をしていきます。	

問題2

(15) 2　異文化に触れる ことなしに ★言葉の 勉強ばかりしていては、国際人にはなれない。

(16) 1　迷子の子供は、母親の姿を ★見る なり 大声で泣き出した。

(17) 2　試験前日は遊ぶ★時間など 1分 たりとも ありません。

(18) 4　奨学金をもらっている ★手前 学業を 怠ることはできない。

(19) 2　彼は物事を★悪い 方へ 考える きらいがある。

(20) 1　大ファンの歌手Cに握手してもらえる なんて 夢 ★にだに思わなかった。

The table below explains the grammar required to answer the questions. Check the box for questions that you got wrong or those that you don't think you understood and read over the explanations a number of times to make sure you understand them.
下表是为解答各类语法问题所作的解释和说明。请在容易做错的问题或者尚未理解的问题前的小方框□内划上レ记号，然后反复阅读解说，直至理解。
아래의 표는 각각의 문제를 풀기 위해, 필요한 문법 해설입니다. 틀린 문제나 이해가 안 되는 문제는 □안에 レ라고 표시한 후에, 해설을 반복해서 읽고, 이해합시다.

Explanation	解说	해설
Even A, B *A can be the dictionary form of the verb such as「考える」,「聞く」or「想像する」or a noun such as「夢」or「想像」. If A is a verb, B is frequently「恐ろしい」and if A is a noun, a negation follows. *If「夢」is used in this form,「にだに」is frequently used as in「夢にだに思わない」.	连A也B *A 使用「考える」「聞く」「想像する」等动词的"辞书形"，或使用像「夢」「想像」一类的名词。 当A使用动词时，B多变成「恐ろしい」的状况。当A使用名词时，B的后面接否定形式。 *当A表示「夢」的意思时，多使用像「夢にだに思わない」一样的「にだに」的形式。	A도 / 조차 B *A는「考える」「聞く」「想像する」등, 동사의「사전형」,「夢」「想像」등의 명사. B는 A가 동사인 경우,「恐ろしい」가 되는 것이 많고, A가 명사인 경우는 부정이 온다. *「夢」의 경우,「夢にだに思わない」와 같이「にだに」가 되는 것이 많다.
End up A, which is a worse result *A is the dictionary or –te iru form of the verb.	最终导致A这样更不好的结果 *A 使用动词的"辞书形"、"ている"。	최종적으로 A라는 더 나쁜 결과가 되었다 *A는 동사의「사전형」「ている」.
Not B even A *A is「1 + counter suffix」such as「1分」or「1日」and B is a negation. *B is frequently an expression such as「無駄にはできない」or「無駄には使えない」.	即使A也不B *A 使用「1分」「1日」等「1 + 量词」的形式，B 使用否定形式。 *B 较多使用「無駄にはできない」、「無駄には使えない」等表达方式。	A도 B없다 *A는「1分」「1日」등「1 + 조수사」이고, B는 부정. *B는「無駄にはできない」「無駄には使えない」등의 표현이 많다.
Without A, B *A is the dictionary form of the verb.	不A，而B *A 使用动词的"辞书形"。	A하지 않고는, B *A는 동사의「사전형」.
B that is not possible (does not exist) without A *Both A and B are nouns.	如果没有A的话，就没有B的成立 (存在) *A 和 B 都是名词。	A가 없으면 성립 (존재) 하지 않는 B *A도 B도 명사.

ユニット8

☐ (6) ☐ (14)	**Aではおかない**：Aしないことは許さない ＊Aは動詞の「ない形」。「する」の場合は、「せずにはおかない」になるので、注意。 例）こら、ポチ。今度私の部屋におしっこしたら、追い出さない<u>ではおかない</u>ぞ。	
☐ (7) ☐ (16)	**Aなり、B**：Aすると、すぐBする ＊Aは動詞の「辞書形」。 ＊普通はしないような行動をした場合に使われる。 例）涙もろい母は、映画が感動シーンにさしかかる<u>なり</u>、大声で泣き始めた。	
☐ (8) ☐ (18)	**A手前、B**：Aのだから、Bできない(しなければならない) ＊Aは動詞の「普通形」、名詞「＋の」。 ＊自分の行為に責任を感じたり、体面(たいめん)を保ったりする場合に使われる。Aが名詞の場合は、「Aの前では〜できない(しなければならない)」といった意味になる。 例1）義理の母に子供の世話を頼んだ<u>手前</u>、遅くまで酒席(しゅせき)に付き合うわけにはいかない。 例2）子供の<u>手前</u>、夫に腹が立っても、けんかはできない。	
☐ (10) ☐ (19)	**Aきらいがある**：Aという(悪い)傾向がある ＊Aは動詞の「辞書形」「ない形」、名詞「＋の」。 例）彼はミスを指摘されると、人のせいにする<u>きらいがある</u>。	
☐ (11) ☐ (13)	**Aにたえない**：Aすることが我慢できないほどだ ＊Aは「見る」「聞く」「読む」など限られた動詞の「辞書形」。 例）最近のテレビ番組は、低俗(ていぞく)なものが多く、見る<u>にたえない</u>。	

Not doing A is not permitted *A is the –nai form of the verb. Note that, in the case of「する」, this becomes「せずにはおかない」.	不A的话是不行的 *A使用动词的"ない形"。如果用「する」的话，就变成「せずにはおかない」的形式，这一点要注意。	A하지 않는 것을 허용할 수 없다 * A는 동사의「ない형」.「する」의 경우「せずにはおかない」가 되기 때문에 주의.
As soon as A, B *A is the dictionary form of the verb. *This is used in the case of conduct that you do not normally engage in.	一A，马上就B *A使用动词的"辞书形"。 * 一般在不常发生的事件发生时使用。	A하면, 당장 B한다 * A는 동사의「사전형」. * 평상시에는 하지 않는 행동을 했을 경우에 사용한다.
Because of A, you can't (must) B *A can be the plain form of a verb or a noun「＋の」. *This is used when you feel responsible for your actions or when keeping up appearances. When A is a noun, it means that you can't (must) do something in front of A.	因为A，所以不能B（必须B） *A使用动词的"普通形"、名词「＋の」。 * 在为自己的行为负责、或为保持体面的情况下使用。A使用名词时，意思是"在A的面前，不能（不得不）～"。	A기 때문에, B할 수 없다 (하지 않으면 안 된다) * A는 동사의「보통형」, 명사「＋の」. * 자신의 행동에 책임을 느끼거나, 체면을 차릴 때 사용한다. A가 명사인 경우는 < A의 앞에서는 ～할 수 없다 (하지 않으면 안 된다) > 라는 의미가 된다.
There is the (bad) tendency to A *A can be the dictionary or –nai form of the verb or a noun「＋の」.	有A这样（不好）的倾向 *A使用动词的"辞书形"、"ない形"、名词"＋の"。	A라는 (나쁜) 경향이 있다 * A는 동사의「사전형」「ない형」, 명사「＋の」.
Cannot bear to A *A is the dictionary form of a particular verb such as「見る」,「聞く」or「読む」.	忍不住去A *A使用的动词的"辞书形"，仅限于「見る」「聞く」「読む」等。	A하는 것을 참을 수 없을 정도이다 * A는「見る」「聞く」「読む」등 한정된 동사의「사전형」.

ユニット 8 使えるようになろう

書き換えよう

例のように、書き換えるところに＿＿を引き、□の中から適当な言葉を選んで書き換えましょう。例を入れて、全部で9こあります。

（正解→159ページ）

　日本の大学生は勉強をおろそかにする<u>傾向がある</u>と昔から言われているが、私も例外では
例）きらいがある

なかった。特に１年生の時はひどかった。親に学費を払ってもらっているのだから、家にいつもいるわけにはいかなかった。それで、週に何回かは家を出るとすぐに、近くのパチンコ屋に直行した。たまに大学に顔を出すことがあっても、教室の一番後ろで寝ているといった結果だ。こんな調子だから、試験前も全く勉強に身が入らない。しかし、いくら日本の大学が甘いといっても、勉強しないで、「優」がもらえるほど甘くはない。１年生の成績は見るのが我慢できないほどのものだった。もし自分が親だったら、子供が勉強しないことは許さないだろう。２年以降は態度を改め、それなりに真面目に大学に通ったが、１年生の時の取り組み方を続けていたら、どうなっていたか想像するのも恐ろしい。現在教員をしているのが信じられないが、これも両親の理解がなければ、成立しなかったことだと、親には感謝している。

あっての	ことなしに	しまつだ	ではおかない
きらいがある	にたえない	だに	なり　　手前

| 力試しテスト → | ポイントを整理しよう → | 使えるようになろう → | 確認問題 |

自分を表現しよう

次の質問に、あなたのことやあなたの考えなどを答えましょう。例のように〈　〉内の文法を使いましょう。　　（解説→ 159 ページ）

1）親や先生に約束したのだから、絶対にできない（しなければならない）と思うことについて教えてください。
〈A手前、B〉　例）仕送りなんか要らないと言った手前、今さら援助してほしいと頼むことはできません。

2）見る（聞く）のが我慢できないことを教えてください。
〈Aにたえない〉　例）弟は相当な音痴で、彼の歌は聞くにたえません。

3）その人がいなければ成立（存在）しないというものについて、教えてください。
〈AあってのB〉　例）今の級長は本当にリーダーシップがあります。彼あってのCクラスです。

4）あなたにとって夢のような（信じられない）出来事について、教えてください。
〈AだにB〉　例）クラスで一番人気のC君に告白されるなんて、夢にだに思いませんでした。

5）これっぽっちも無駄にできないことについて教えてください。
〈Aたりとも、B〉　例）試合は明日です。1秒たりとも、無駄にできません。

6）こんなことをしたら許さないという例を教えてください。
〈Aではおかない〉　例）門限を破ったら、叱らないではおきません。

ユニット 8

こんな時どう言う？（ロールプレイ）

AさんとBさんになって会話をします。まず、□の文章を読んで、このユニットで習った文法を使って、AさんとBさんの会話文を考えましょう。その後、ヒントを参考にして、下の会話文を完成させましょう。

（解答例→160ページ）

Aさん：BさんとCさんの同僚	Bさん：AさんとCさんの同僚
あなたはゆうべ会社の飲み会に参加しませんでしたが、人から同僚のCさんがかなりよっぱらったと聞きました。ゆうべ参加したBさんにCさんの様子を聞いてみましょう。もしあまりにもひどい内容だったら、聞くのが我慢できないほどだという気持ちを伝えましょう。	あなたはゆうべ会社の飲み会に参加しました。その席で同僚のCさんが飲みすぎて、数々の失態を演じました。部長を呼び捨てにしたり、泣きだしたり、最後にはテーブルの上に立ったりしました。昨日の席に出席しなかった同僚のBさんにCさんの様子を聞かれたら、教えてあげましょう。

＜会話文＞

A：Bさん、昨日の飲み会でCさん、ずいぶん酔っ払ったらしいね。

B：そうなんだよ。＿＿＿＿＿＿＿＿＿＿＿＿＿＿＿＿＿たり

　　＿＿＿＿＿＿＿＿＿＿＿＿＿＿＿たりして、最後には、

　　＿＿＿＿＿＿＿＿＿＿＿＿＿＿＿で……。

> ヒント：「最後にはこんなひどい結果だ」と言いたい時、どんな文法を使う？

A：ええ！　それはひどいなあ。

　　＿＿＿＿＿＿＿＿＿＿＿＿＿＿なあ。

> ヒント：「聞いていられない」「聞くのが我慢できない」をこのユニットの文法で言ってみよう。

B：でしょう。みんな引いてたよ。

| 練習しよう | Aさんと会話をします。あなたはBさんです。Aさんが①〜③のように言ったら、例のように〈　〉内の文法を使って、答えましょう。Cさんには、友達の名前を入れて考えてみましょう。（解答例→ 161 ページ） |

例）〈Aみたいだ〉

① A：Cさんを探しているんですが、どこかで見ませんでしたか。
→ B：もう帰ってしまったみたいですね。

② A：あそこ、見てください。大勢人が集まっていますよ。
→ B：何かやっているみたいですね。

③ A：Cさん、会社を早退しちゃったね。元気、なかったなあ。
→ B：体調が悪いみたいだね。

1）〈AだにB〉

① A：東京大学合格、おめでとうございます。
→ B：

② A：ゆうべ車にひかれそうになったんですって？
→ B：

③ A：バンジージャンプ、やってみない？
→ B：

2）〈A手前、B〉

① A：Bさん、夜遊びしなくなりましたね。
→ B：

② A：Bさん、その財布、大事に使ってらっしゃいますね。
→ B：

③ A：Bさん、最近まじめに勉強してるね。
→ B：

ユニット8

3)〈AではおかないB〉
① A：父さん、ごめん。父さんの盆栽に野球のボール、当てちゃった。
→ B：

② A：本当にごめん。もう二度と浮気なんかしないから……。
→ B：

③ A：ねえ、父さんの車、貸してよ。気をつけて、運転するからさ。
→ B：

4)〈AあってのB〉
① A：私など、もうこの課に必要ないのかもしれないなあ。
→ B：

② A：D部長、今年で定年退職されるんですよね。
→ B：

③ A：うちの大学は留学生が多すぎるんじゃない？
→ B：

5)〈Aしまつで……〉
① A：Bさんのお子さん、初めて保育園に行く時、どうでした？　泣きませんでしたか。
→ B：

② A：奥さんとけんかしたんだって？
→ B：

③ A：Cさん、ふられて、相当落ち込んでたらしいね。
→ B：

「使えるようになろう」正解・解答例・解説

書き換えよう

日本の大学生は勉強をおろそかにする<u>傾向がある</u>と昔から言われているが、私も例外ではな
　　　　　　　　　　　　　　　　　例) きらいがある
かった。特に１年生の時はひどかった。親に学費を払ってもらっている<u>のだから</u>、家にいつもい
　　　　　　　　　　　　　　　　　　　　　　　　　　　　　　　　　手前
るわけにはいかなかった。それで、週に何回かは家を出る<u>とすぐに</u>、近くのパチンコ屋に直行し
　　　　　　　　　　　　　　　　　　　　　　　　　　なり
た。たまに大学に顔を出すことがあっても、教室の一番後ろで<u>寝ている</u>といった結果だ。こん
　　　　　　　　　　　　　　　　　　　　　　　　　　　　寝ているしまつだ
な調子だから、試験前も全く勉強に身が入らない。しかし、いくら日本の大学が甘いといって

も、<u>勉強しないで</u>、「優」がもらえるほど甘くはない。１年生の成績は<u>見るのが我慢できない</u>ほ
　　勉強することなしに　　　　　　　　　　　　　　　　　　　　　見るにたえない
どのものだった。もし自分が親だったら、<u>子供が勉強しないことは許さない</u>だろう。２年以降は
　　　　　　　　　　　　　　　　　　　子供に勉強させないではおかない
態度を改め、それなりに真面目に大学に通ったが、１年生の時の取り組み方を続けていたら、ど

うなっていたか<u>想像するのも</u>恐ろしい。現在教員をしているのが信じられないが、これも両親の
　　　　　　　想像するだに
<u>理解がなければ、成立しなかったこと</u>だと、親には感謝している。
　　　　　理解あってのこと

自分を表現しよう

1) 「A手前、B」は「体面を守るために～できない（～なければならない）」という意味。	「A手前、B」means you can't (must not) do something in order to keep up appearances.	「A手前、B」的意思是、"为了保全体面而不能～(不得不 A)"。	「A手前、B」는 <체면을 지키기 위해서 ～할 수 없다 (～지 않으면 안 된다)> 라는 의미.
2) 「見たり聞いたりするのが我慢できない」場合に「～にたえない」が使われる。	「～にたえない」is used in cases when you cannot bear to see or hear something.	在表示"看不下去、听不下去"的意思时，使用「～にたえない」。	<보거나 듣거나 하는 것을 참을 수 없다> 의 경우는 「～にたえない」가 사용된다.

3）例は、「彼がいなければ、成り立たないCクラス」という意味。	The example means that class C would not exist (in its present form) if he was not its leader.	例句的意思是，"如果没有他的话，C这个班级就不存在了"。	예문은, <그 사람이 없으면 성립되지 않는 C반>이라는 의미.
4）「夢にだに思わなかった」という形で覚えたい。	Remember the form「夢にだに思わなかった」.	切记「夢にだに思わなかった」这个表达形式。	「夢にだに思わなかった」라는 형태로 암기하자.
5）「これっぽっちも」は「少しも」という意味。「1秒」「1分」「1時間」のように「1～たりとも」という形で使われる。	「これっぽっちも」means not even a little. It is used in the form「1～たりとも」as in「1秒」,「1分」or「1時間」.	「これっぽっちも」的意思是"一点儿也不"。像「1秒」「1分」「1時間」一样，使用「1～たりとも」这种表达方式。	「これっぽっちも」는 <조금이라도> 라는 의미. 「1秒」「1分」「1時間」와 같이「1～たりとも」라는 형태로 사용된다.
6）例は、「門限を破ったら、叱らないということは許さない（＝絶対に叱る）」という意味。	The example means that it is not permitted not to be scolded (you will definitely be scolded) when you break curfew.	例句的意思是，"如果不遵守关门时间，不挨批评是不行的（＝绝对要批评的）"。	예문은, <귀가 시간을 어기면, 야단치지 않는 것을 아니할 수 없다（＝반드시 야단을 친다）> 라는 의미.

こんな時どう言う？（ロールプレイ）

A：Bさん、昨日の飲み会でCさん、ずいぶん酔っ払ったらしいね。
B：そうなんだよ。部長を呼び捨てにしたり
　　泣き出したりして、最後には、
　　テーブルの上に立つしまつで……。

> 「いろいろ失態を演じたが、最後にはもっとひどい結果だ」と言っている。

A：ええ！　それはひどいなあ。
　　聞くにたえないなあ。
B：でしょう。みんな引いてたよ。

> 「Cさんの失態を聞くのは我慢できないほどだ」という意味。

練習しよう

1)〈Aだに、B〉
　①ありがとうございます。合格できるなんて、夢にだに思いませんでした。
　②そうなんです。思い出すだに恐ろしいです。
　③嫌だー。考えるだに恐ろしい。

2)〈A手前、B〉
　①ええ、妻に子育てを任せている手前、遊んでいるわけにはいかなくて……。
　②ええ、義理の父からもらった手前、大事に使わなくちゃと思って。
　③うん、能力試験を受ける手前、遊んでられないし。

3)〈Aではおかない〉
　①何やってるんだ。今度やったら、殴らないではおかないぞ。
　②当り前よ。今度やったら、離婚しないではおかないわよ。
　③ほんとに気をつけるんだぞ。もしぶつけでもしたら、弁償させないではおかないからな。

4)〈AあってのB〉
　①そんなことありません。Bさんあってのこの課なんですから。
　②ええ、今後が不安ですね。D部長あっての我が営業部ですからね。
　③何言ってるんですか。留学生あっての本学ですよ。

5)〈Aしまつで……〉
　①もう泣いて泣いて、最後には保育園の先生にかみつくしまつで……。
　②うん、相当怒って、最後には家を出ていくしまつで……。
　③そう。学校を休んだりしてたけど、最近では、もう国に帰りたいって言うしまつで……。

ユニット9 力試しテスト

☐/100点

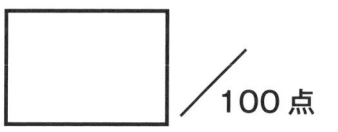

問題1 次の文の（　）に入れるのに最もよいものを、1・2・3・4から一つ選びなさい。

(5点×14問＝70点)

（1）肉体労働を汗（　　　）になって、頑張ってる人の姿にひかれる。
　　1　まみれ　　　　2　がてら　　　　3　がち　　　　4　ぎみ

（2）妹は昔からわがままだったが、離婚後、以前（　　　）、その性格が強まったように思う。
　　1　をよそに　　　2　ならでは　　　3　のかわりに　　4　にもまして

（3）チャイムが鳴る（　　　）、児童たちは一斉に運動場に飛び出した。
　　1　が早いか　　　2　とたんに　　　3　べく　　　　4　ながらも

（4）いくらお金をためたところで、死んでしまえば、（　　　）だ。
　　1　こそ　　　　2　ひきかえ　　　3　それまで　　　4　ならでは

（5）後悔して、泣くくらいなら、始めから別れたいなんて、言わなければいい（　　　）。
　　1　ものを　　　2　なりに　　　　3　ところを　　　4　しまつだ

（6）将来、人に尊敬される人物に（　　　）、日々研鑽を積んでいる。
　　1　なるかわりに　2　ならんがために　3　なるからこそ　4　なったばかりに

（7）親子って似るものね。声（　　　）しぐさ（　　　）そっくりじゃない。
　　1　だに／だに　2　なり／なり　3　といい／といい　4　つつ／つつ

（8）現代社会（　　　）、自動車は欠かすことのできない乗り物だ。
　　1　に即して　　2　にあって　　3　はおろか　　　4　を限りに

（9）日増しに春（　　　）きましたが、いかがお過ごしでしょうか。
　　1　っぽく　　　2　めいて　　　3　なりに　　　　4　なしに

（10）年功序列型からの脱却は、20年前30年前（　　　）、さらに進んでいる。
　　1　からして　　2　にもまして　3　と言えば　　　4　とはいえ

(11) 彼女にほれているのはわかるけど、恋人がいれば（　　　）よ。ちゃんと確認したの？
1　それまでだ　　2　足る　　3　至る　　4　ならではだ

(12) 彼は語彙量（　　）会話力（　　）上級と呼ぶにふさわしい日本語力を持っているね。
1　なり／なり　　　　　　　2　といえば／といえば
3　といい／といい　　　　　4　ゆえに／ゆえに

(13) 彼女はルックス（　　　）、美しい歌声がファンを魅了してやまない。
1　からすると　　　　　　　2　とはいえ
3　もさることながら　　　　4　だからこそ

(14) 季節が秋（　　　）くると、紅葉が待ち遠しくなる。
1　めいて　　2　まじき　　3　のみならず　　4　をおいて

問題2　次の文の＿★＿に入る最もよいものを、1・2・3・4から一つ選びなさい。

（5点×6問＝30点）

(15) タイムバーゲンの＿＿＿＿　★＿＿＿＿　＿＿＿＿お目当ての激安牛肉売り場に殺到した。
1　主婦たちは　　2　呼び声が　　3　が早いか　　4　かかる

(16) 非常時＿★＿　＿＿＿＿　＿＿＿＿　＿＿＿＿日頃から訓練をしておくことが大切だ。
1　あわてず　　2　ように　　3　にあって　　4　行動できる

(17) 少子化を＿＿＿＿　★＿＿＿＿　＿＿＿＿政策を講じている。
1　がために　　2　食い止めん　　3　政府は　　4　さまざまな

(18) 新居購入＿＿＿＿　＿＿＿＿　★＿＿＿＿良さをポイントにしました。
1　使い勝手の　　2　デザイン　　3　にあたっては　　4　もさることながら

(19) 昨夜＿＿＿＿　★＿＿＿＿　＿＿＿＿倒れている女性が発見されました。
1　血まみれに　　2　路地裏で　　3　C町の　　4　なって

(20) 自ら謝れば＿★＿　＿＿＿＿　＿＿＿＿　＿＿＿＿はっているから、大きな問題に発展したんだよ。
1　もらえた　　2　意地を　　3　許して　　4　ものを

ユニット9 ポイントを整理しよう

正解
下の解答で答え合わせをし、162ページの□に点数を書きましょう。

問題1
(1) 1　(2) 4　(3) 1　(4) 3　(5) 1　(6) 2　(7) 3
(8) 2　(9) 2　(10) 2　(11) 1　(12) 3　(13) 3　(14) 1

ポイント
下の表は、それぞれの問題を解くために必要な文法の解説です。間違えた問題や、理解していなかったと思う問題の□に✔を書き、解説を何度も読んで、理解しましょう。

問題	解説	
□ (1) □ (19)	**Aまみれ**：A（良くないもの／汚いもの）が体についている ＊Aは「汗」「血」「ほこり」「泥」など決まった名詞。 例）屋根裏を掃除していたので、体中ほこりまみれだ。	
□ (2) □ (10)	**Aにもまして、B**：AよりももっとB ＊Aは名詞。 ＊「いつにもまして（＝いつもよりも）」「だれにもまして（＝だれよりも）」「どこにもまして（＝どこよりも）」「何にもまして（＝何よりも）」も覚えておくとよい。 例）血液型がO型なのだが、A型の父にもまして、きれい好きだ。	
□ (3) □ (15)	**Aが早いか、B**：Aすると、直後にBする ＊Aは動詞の「辞書形」。 ＊Bには意志や命令を表す内容は来ない。 例）昔は給料が現金の手渡しだったので、給料袋をもらうが早いか中身を確認したものだ。	
□ (4) □ (11)	**Aばそれまでだ**：Aになれば、それで終わりだ ＊Aは動詞の「ば形」。 例）介護や福祉にお金をかけるべきだという主張は理解できるが、財源が尽きればそれまでだ。	

問題2

- (15) 4　タイムバーゲンの呼び声が ★かかる が早いか 主婦たちはお目当ての激安牛肉売り場に殺到した。
- (16) 3　非常時★にあって あわてず 行動できる ように日頃から訓練をしておくことが大切だ。
- (17) 1　少子化を食い止めん ★がために 政府は さまざまな政策を講じている。
- (18) 4　新居購入にあたっては デザイン ★もさることながら 使い勝手の 良さをポイントにしました。
- (19) 2　昨夜C町の ★路地裏で 血まみれに なって倒れている女性が発見されました。
- (20) 3　自ら謝れば★許して もらえた ものを 意地をはっているから、大きな問題に発展したんだよ。

The table below explains the grammar required to answer the questions. Check the box for questions that you got wrong or those that you don't think you understood and read over the explanations a number of times to make sure you understand them.

下表是为解答各类语法问题所作的解释和说明。请在容易做错的问题或者尚未理解的问题前的小方框□内划上レ记号，然后反复阅读解说，直至理解。

아래의 표는 각각의 문제를 풀기 위해, 필요한 문법 해설입니다. 틀린 문제나 이해가 안 되는 문제는 □안에 レ라고 표시한 후에, 해설을 반복해서 읽고, 이해합시다.

Explanation	解说	해설
Your body is covered in A (something not good/dirty) *A is a particular noun such as「汗」,「血」,「ほこり」or「泥」.	A（令人不快的东西／脏东西）沾到身体上 *A一般固定使用「汗」「血」「ほこり」「泥」等名词。	A（좋지 않은 것 / 더러운 것）이 몸에 묻어 있다 * A는「汗」「血」「ほこり」「泥」 등의 정해진 명사.
Even more B than A *A is a noun. It is a good idea to remember「いつにもまして（＝いつもよりも）」,「だれにもまして（＝だれよりも）」,「どこにもまして（＝どこよりも）」and「何にもまして（＝何よりも）」as well.	比A更B *A 使用名词。 *最好也记住「いつにもまして（＝いつもよりも）」「だれにもまして（＝だれよりも）」「どこにもまして（＝どこよりも）」「何にもまして（＝何よりも）」。	A보다도 더 B * A는 명사. *「いつにもまして（＝いつもよりも）」「だれにもまして（＝だれよりも）」「どこにもまして（＝どこよりも）」「何にもまして（＝何よりも）」도 기억해 두면 좋다.
B directly after A *A is the dictionary form of the verb. *B does not express volition or a command.	一A的话，紧跟着就B *A 使用动词的"辞书形"。 *B 后不接表示意志和命令的内容。	A하면, 직후에 B한다 * A는 동사의「사전형」. * B에는 의지나 명령을 나타내는 내용은 오지 않는다.
If A, that is the end *A is the –ba form of the verb.	如果变成A的话，就算结束了 *A 使用动词的"ば形"。	A가 되면, 그것으로 끝이다 * A는 동사의「ば형」.

☐ (5) ☐ (20)	**AばBものを**（N2）：AばBのに ＊Aは動詞の「ば形」か「～なければ」で、Bは動詞の「普通形」か「いい」「よかった」。人の行動や態度を非難する場合に使われる。 ＊直接相手に言う場合は、かなり近い関係の人だけである。 例）後々まで愚痴るなら、その時に店員に苦情を言え<u>ば</u>よかった<u>ものを</u>。	
☐ (6) ☐ (17)	**Aんがために、B**：絶対にAするために、B ＊Aは動詞の「ない形」。「する」は「せんがために」になるので、注意。 例）病を克服<u>せんがために</u>、日々リハビリに励んでいる。	
☐ (7) ☐ (12)	**AといいBといいC**：AもBもC ＊ＡＢは名詞。 例）彼女はまだ学生なの？　言葉づかい<u>といい</u>ビジネスマナー<u>といい</u>一人前の社会人のようだね。	
☐ (8) ☐ (16)	**Aにあって、B**：Aという状況(時／時代／環境)に ＊Aは時などを表す名詞。 例）学生時代<u>にあって</u>、人生に影響するような良書に出会うことは大きな意味がある。	
☐ (9) ☐ (14)	**Aめく**：十分ではないが、Aのよう(らしい) ＊Aは「春」「秋」「冗談」「謎」「言い訳」など決まった名詞。 例１）寒さも和らぎ、草花も芽を出して、春<u>めいて</u>きた。 例２）殺人現場となった家は内側からすべて鍵がかかっていた。本当に謎<u>めいた</u>事件だ。	
☐ (13) ☐ (18)	**Aもさることながら、B**：Aももちろんだが、それ以上にBも ＊Aは名詞。 例）ダイエットには食事制限<u>もさることながら</u>、適度な有酸素運動が効果がある。	

If A, should have B *A can be the *-ba* form of the verb or 「〜なければ」 and B can be the plain form of the verb or 「いい」 or 「よかった」. This is used to criticize someone's actions or attitude. *This should only be used face to face if you have a very close relationship with the person to whom you are talking.	如果 A 的话就 B 了，可是却～ *A 使用动词的"ば形"，或「〜なければ」，B 使用动词的"普通形"或「いい」「よかった」。在谴责人的行为或态度时使用这个句型。 * 如果直接对对方说时，只限用于关系非常亲近的人。	A면 B 텐데 * A 는 동사의 「ば형」이나, 「〜なければ」가 오고, B는 동사나, 「보통형」이나, 「いい」「よかった」. 사람의 행동이나 태도를 비난할 경우에 사용된다. * 직접 상대방에게 말하는 경우는, 꽤 가까운 관계의 사람일 때만이다.
In order to definitely do A, B *A is the *-nai* form of the verb. Note that 「する」 becomes 「せんがために」.	绝对为了 A，B *A 使用动词的"ない形"。要注意如果使用「する」就变成「せんがために」的意思了。	절대로 A하기 위해서, B * A 는 동사의 「ない형」. 「する」는 「せんがために」가 되기 때문에 주의.
Both A and B, C *Both A and B are nouns.	A 也好 B 也好，C *A、B 都是名词。	A도 B도 C * A B는 명사.
In situation A (time/era/environment) *A is a noun that expresses time.	处于 A 的状况（时候／时代／环境）之中 *A 使用表示时间等的名词。	A라는 상황 (때 / 시대 / 환경) 에 * A는 시간 등을 표현하는 명사.
It is not enough but it seems as if (like) A *A is a particular noun such as 「春」, 「秋」,「冗談」,「謎」or「言い訳」.	虽然还不充分，但好像 A 一样 *A 一般使用「春」「秋」「冗談」「謎」「言い訳」等惯用的搭配名词。	충분하지는 않지만, A와 같다 (것 같다) * A는 「春」「秋」「冗談」「謎」「言い訳」등 정해진 명사.
A is a given but B is even more (than A) *A is a noun.	A 就不用说了，B 就更加 *A 使用名词。	A도 물론이지만, 그 이상의 B도 * A는 명사.

ユニット 9 使えるようになろう

書き換えよう　例のように、書き換えるところに＿＿＿を引き、□の中から適当な言葉を選んで書き換えましょう。例を入れて、全部で9こあります。

（正解→173ページ）

今の子供は外で遊ばない。この現象は30年ほど前のテレビゲームの登場によって、見られるようになったが、携帯式ゲームの普及した現代は、以前<u>よりもっと</u>、進んだ。私が子供
　　　　　　　　　　　　　　　　　　　　　　　　　例）にもまして
の頃は、学校から帰宅するとすぐに、川や池に魚を釣りに行ったり、公園で相撲やプロレスをしたりして、泥だらけになって遊んだものだ。外で遊ばない子供が増えたことの原因には、ゲームの普及ももちろんだが、それ以上に教育環境の変化もあげられるだろう。昔から受験というものはあったが、現代という時代には、その競争が激化し、中学生も高校生も受験を絶対に勝ち抜くために、必死なのだ。季節が春らしくなってきた頃、受験生はまだ戦いが終わっていない。しかしだ。ゲーム時代だから、受験があるからと言ってしまえばそれで終わりだが、もっと体と体でぶつかり合う体験があってもいいのではないか。電子画面や教科書からは得られない遊びの楽しさを味わってもらいたいと思う。

めく	まみれ	にもまして	にあって	が早いか
もさることながら	といい／といい	ばそれまでだ	んがために	

168

| 力試しテスト | → | ポイントを整理しよう | → | 使えるようになろう | → | 確認問題 |

自分を表現しよう

次の質問に、あなたのことやあなたの考えなどを答えましょう。例のように〈　〉内の文法を使いましょう。　　　　　　（解説→173ページ）

1) あなたの国で以前と比べて変化したことについて教えてください。
　〈AにもましてB〉　例）日本では、以前にもまして、晩婚化が進んでいます。

_____

2) あなたが汗まみれになった経験について、教えてください。
　〈汗まみれ〉　例）先日のマラソン大会では、汗まみれになって、5キロ走り切りました。

_____

3) あなたの恋人や友人にひかれている点を教えてください。
　〈AもさることながらB〉　例）啓太君は外見もさることながら、生き方がとてもかっこいいです。

_____

4) あなたが会社や学校に対して、不満に（いいと）思っていることについて教えてください。
　〈AといいBといいC〉　例）教師の質といい設備といい、この学校は問題が多いです。

_____

5) 文句を言うなら、しなければ（すれば）いいという不満を教えてください。
　〈AばBものを〉　例）散歩するのを面倒くさがるなら、最初から犬なんか飼わなければいいものを。

_____

6) 「病気をしてしまえばそれで終わりだ」と思うことを教えてください。
　〈Aばそれまでだ〉　例）やせたいからといって、無理なダイエットをして、病気になってしまえばそれまでです。

_____

ユニット 9

こんな時どう言う？（ロールプレイ）

AさんとBさんになって会話をします。まず、□の文章を読んで、このユニットで習った文法を使って、AさんとBさんの会話文を考えましょう。その後、ヒントを参考にして、下の会話文を完成させましょう。

（解答例→ 174 ページ）

Aさん：BさんとCさんの友達	Bさん：AさんとCの友達
あなたの友達Cさんは、以前もそうでしたが、最近ますますおしゃれになりました。そのことを共通の友達であるBさんに伝えましょう。	あなたの友達Cさんは、以前もそうでしたが、最近ますますおしゃれになりました。Aさんからその話があったら、同意した上で、服もヘアスタイルもモデルのようだと答えましょう。

＜会話文＞

A：Bさん、Cさんなんだけど、前＿＿＿＿＿＿＿＿＿＿

＿＿＿＿＿＿＿＿＿＿＿＿＿＿＿＿と思わない？

> ヒント　比較して、「以前もそうだが、もっと」と言いたい時、どんな文法を使う？

B：思う思う。＿＿＿＿＿＿＿＿＿＿＿＿＿＿＿＿＿＿

モデルみたいだよね。

> ヒント　どんな点がモデルのようなのか二つ並べて言ってみよう。

A：そうだね。僕と付き合ってくれないかなあ。

| 力試しテスト ➡ ポイントを整理しよう ➡ **使えるようになろう** ➡ 確認問題 |

練習しよう　Aさんと会話をします。あなたはBさんです。Aさんが①〜③のように言ったら、例のように〈　〉内の文法を使って、答えましょう。Cさんには、友達の名前を入れて考えてみましょう。(解答例→ 175ページ)

例)〈Aみたいだ〉
① A：Cさんを探しているんですが、どこかで見ませんでしたか。
→ B：もう帰ってしまったみたいですね。
② A：あそこ、見てください。大勢人が集まっていますよ。
→ B：何かやっているみたいですね。
③ A：Cさん、会社を早退しちゃったね。元気、なかったなあ。
→ B：体調が悪いみたいだね。

1)〈AといいBといいC〉
① A：Bさんは、自分の国の政治について、どう思いますか。
→ B：

② A：都会の生活の良い点って、何でしょうか。
→ B：

③ A：Cさんの彼、どんな人？
→ B：

2)〈AばBものを〉
① A：Cさん、最近また太ったんじゃない？
→ B：

② A：Cさん、また体調崩して、学校に来てないらしいよ。
→ B：

③ A：Cさん、とうとう彼女にふられたんだって。
→ B：

ユニット 9

3)〈Aにもまして、B〉
① A：Bさんの国の景気はどうですか。
→ B：

② A：日本語の勉強はどうですか。
→ B：

③ A：Cさん、最近きれいになったんじゃない？
→ B：

4)〈Aが早いか、B〉
① A：えっ、この商品、もう売り切れてしまったんですか。
→ B：

② A：えっ、もう誰も教室にいませんね。
→ B：

③ A：えっ、ポチ、もうえさ、食べちゃったの？
→ B：

5)〈Aもさることながら、B〉
① A：体操のD選手の演技はいつ見ても、見事ですね。
→ B：

② A：俳優Dがここまで人気なのはなぜでしょうね。
→ B：

③ A：Bさんが今の家を購入された理由は何ですか。
→ B：

「使えるようになろう」正解・解答例・解説

書き換えよう

　今の子供は外で遊ばない。この現象は30年ほど前のテレビゲームの登場によって、見られるようになったが、携帯式ゲームの普及した現代は、以前<u>よりもっと</u>、進んだ。私が子供の頃は、
　　　　　　　　　　　　　　　　　　　　　　　　　　　　　　　　　　例）にもまして
学校から帰宅する<u>とすぐに</u>、川や池に魚を釣りに行ったり、公園で相撲やプロレスをしたりし
　　　　　　　が早いか
て、<u>泥だらけ</u>になって遊んだものだ。外で遊ばない子供が増えたことの原因には、ゲームの普及
　　泥まみれ
<u>ももちろんだが、それ以上に</u>教育環境の変化もあげられるだろう。昔から受験というものはあったが、
　　もさることながら
現代という<u>時代には</u>、その競争が激化し、<u>中学生も高校生も</u>受験を絶対に<u>勝ち抜くために</u>、必死な
　　　　　時代にあって　　　　　　　　中学生といい高校生といい　　　　勝ち抜かんがために
のだ。季節が<u>春らしくなってきた</u>頃、受験生はまだ戦いが終わっていない。しかしだ。ゲーム時代
　　　　　春めいて
だから、受験があるからと<u>言ってしまえばそれで終わりだ</u>が、もっと体と体でぶつかり合う体験が
　　　　　　　　　　　　言ってしまえばそれまでだ
あってもいいのではないか。電子画面や教科書からは得られない遊びの楽しさを味わってもらいたいと思う。

自分を表現しよう

1）例は、「前もそうだったが、以前よりももっと晩婚化が進んでいる」という意味。	The example means that it was the case before but now even more people are getting married later in Japan.	例句的意思是"以前就不用说了，跟以前相比，现在晚婚化现象就更加严重了"。	예문은, < 전에도 그랬지만, 예전보다도 더 결혼하는 시기가 늦어 지고 있다 > 라는 의미.
2）「汗まみれ」は汗が体中にいっぱい付いている状態のこと。	「汗まみれ」is when your body is covered with sweat.	「汗まみれ」指身上沾满汗水的状态。	「汗まみれ」는 땀이 몸 전체에 가득 묻어 있는 상태.
3）例は、「外見ももちろん、それ以上に生き方がかっこいい」という意味。	The example means that his appearance is a given but his lifestyle is even more attractive.	例句的意思是，"外表就不用说了，生活方式就更加棒了"。	예문은, < 외모는 물론, 그 이상으로 생활 방식이 멋지다 > 라는 의미.

173

4） 「AといいBといいC」は、「AもBもC」という意味で、A、B共に名詞。	「AといいBといいC」means both A and B, C and both A and B are nouns.	「AといいBといいC」的意思是，"A 也好，B 也好，C"，A 和 B 都是名词。	「AといいBといいC」는 ＜A도 B도 C＞라는 의미로 A，B 모두 명사．
5） 「AばBものを」は、不満や非難、後悔などを表す場合に使われる。	「AばBものを」is used to express dissatisfaction, criticism or regret, etc.	「AばBものを」在表示不满和责备、后悔的时候使用。	「AばBものを」는 불만이나，비난，후회등을 표현할 경우에 사용한다．
6） 他に、「いくらお金が稼げても、無理して働いて、病気をしてしまえばそれまでだ」などがある。	There is also「いくらお金が稼げても、無理して働いて、病気をしてしまえばそれまでだ」.	其他还有「いくらお金が稼げても、無理して働いて、病気をしてしまえばそれまでだ」等表达。	그 외에「いくらお金が稼げても、無理して働いて、病気をしてしまえばそれまでだ」등이 있다．

こんな時どう言う？（ロールプレイ）

A：Bさん、Cさんなんだけど、前にもましておしゃれになったと思わない？

B：思う思う。服といいヘアスタイルといいモデルみたいだよね。

A：そうだね。僕と付き合ってくれないかなあ。

「前もそうだったけど、前よりもっとおしゃれになった」という意味。

「服もヘアスタイルもモデルみたいだ」と話者の評価を述べたい時に使う。

練習しよう

1）〈AといいBといいC〉
　①外交といい内政といい問題が多いと思います。
　②やはり交通といい買い物といい便利なところじゃないでしょうか。
　③ルックスといい運動神経といい飛びぬけていますよ。

2）〈AばBものを〉
　①そうだよね。ビールを控えればいいものをね。
　②また？　アルバイト、減らせばいいものを。
　③やっぱり。もっと大切にしてあげればよかったものを。

3）〈Aにもまして、B〉
　①そうですね。以前にもまして悪化してきています。
　②そうですね。初級の時にもまして、難しくなってきています。
　③うん、以前にもまして、きれいになってきたよね。

4）〈Aが早いか、B〉
　①ええ、すみません。開店するが早いか、売り切れてしまいまして……。
　②そうなんです。授業終了のチャイムが鳴るが早いか、みんな飛び出していきました。
　③うん、お皿にえさを入れるが早いか、あっという間に食べきっちゃった。

5）〈Aもさることながら、B〉
　①ええ、床もさることながら、あん馬の演技がすばらしいですね。
　②やはり演技力もさることながら、透明感（とうめいかん）のあるルックスじゃないですか。
　③そうですね。立地（りっち）もさることながら、機能性が気に入ったからです。

ユニット 7~9 確認問題

/100点

（2点×50問＝100点）

問題1 次の文の（　）に入れるのに最もよいものを、1・2・3・4から一つ選びなさい。

（1）この重機は、1,000キロ（　　　）機械を持ち上げて、移動させることができます。
　　1　さえ　　　　　2　からある　　　3　をはじめ　　　4　あっての

（2）たとえ小さなミス（　　　）、後々大きな問題に発展しないように、上司に報告すべきだ。
　　1　であれ　　　　2　からして　　　3　をおいて　　　4　のくせに

（3）うちの犬、テルは、餌の入った袋を見る（　　　）、すごい勢いで駆け寄ってきた。
　　1　とたんに　　　2　としたら　　　3　限り　　　　　4　なり

（4）その消防士は、火事に巻き込まれた人を救出せん（　　　）、火の中へと入って行った。
　　1　ばかりに　　　2　が最後　　　　3　がために　　　4　ところを

（5）家族や友人の支えを受ける（　　　）、今の成功はなかったと心から感謝しています。
　　1　べく　　　　　2　からには　　　3　だけあって　　4　ことなしに

（6）もし1本電車を遅らせなかったら、事故に遭っていた。考える（　　　）恐ろしい。
　　1　だに　　　　　2　ものを　　　　3　手前　　　　　4　といっても

（7）ピアノ発表会は二度目の参加（　　　）、娘は初回よりも落ち着いていたように思う。
　　1　なりに　　　　2　とあって　　　3　どころか　　　4　をめぐって

（8）少しは息抜きをしたらと言われるが、受験生の僕は1分（　　　）、無駄にしたくない。
　　1　といい　　　　2　をきっかけに　3　たりとも　　　4　を限りに

（9）太っていた頃は、起きる（　　　）、冷蔵庫の中の食べ物を探したものだ。
　　1　が早いか　　　2　ついでに　　　3　しまつで　　　4　といえども

（10）妻に無駄遣いするなと言った（　　　）、自分だけ帰りに一杯というわけにはいかない。
　　1　までで　　　　2　手前　　　　　3　というより　　4　ところを

（11）田んぼで遊んできた子供たちは、泥（　　　）になって、帰ってきた。
　　1　ずくめ　　　　2　しまつ　　　　3　まみれ　　　　4　がち

（12）あの電気店は商品を勧める時は熱心だが、修理などはいい加減になる（　　　）。
　　1　つつある　　　2　に相違ない　　3　きらいがある　4　にすぎない

(13) 難聴の症状が悪化し、客との応対ができなくなったため、退職（　　）。
　1　を余儀なくされた　　2　ほかない　　3　といったらない　　4　たまらない

(14) 新しく購入した携帯、充電がすぐなくなるし、ネットに接続できないし、昨日なんて、通話中に5回も切れる（　　）で……。
　1　だらけ　　2　気味　　3　しまつ　　4　きっかけ

(15) 電話番号の文字が不鮮明で、連絡をしよう（　　）連絡できない。
　1　から　　2　にも　　3　に　　4　とは

(16) 再就職、おめでとうございます。今年は結婚もあったし、おめでたいこと（　　）ですね。
　1　至り　　2　ずくめ　　3　まみれ　　4　恐れ

(17) あんたの下手くそな歌は聞く（　　）わ。
　1　にたえない　　2　よりほかない　　3　にちがいない　　4　にすぎない

(18) 戦時下（　　）、これだけの画材をそろえて絵を描いていたなんて、すごいですね。
　1　をおいて　　2　だからといって　　3　にあって　　4　をよそに

(19) 新入社員にプロジェクトのリーダーを任せるなんて。彼の苦労は想像（　　）。
　1　ったらない　　2　までもない　　3　にかたくない　　4　恐れがある

(20) 学則（　　）、停学処分にしたまでで、学校側に落ち度はありません。
　1　からして　　2　に即して　　3　に反して　　4　を通じて

(21) 最近人気急上昇の歌手Cは、透き通るような歌声（　　）輝きのある瞳（　　）若者をひきつけるのに十分な魅力を持っている。
　1　だに／だに　　2　なり／なり　　3　をも／をも　　4　といい／といい

(22) 「気にしすぎ」と言われれば（　　）なんですが、人が自分をどう見ているか考えずにはいられないんです。
　1　おそれ　　2　最中　　3　それまで　　4　次第

(23) 締め切り間際でばたばたするぐらいなら、もっと早く作業を始めればいい（　　）。
　1　ものを　　2　くせに　　3　といえば　　4　どころか

(24) 次の野球大会は我が社が主催していることから、いつ（　　）、勝利にこだわっている。
　1　からといって　　2　を問わず　　3　までもなく　　4　にもまして

(25) 列車事故の現場は、血（　　）になった人々で溢れかえり、救出は困難を極めた。
　1　まみれ　　2　かけ　　3　おそれ　　4　ぬき

ユニット 7～9

(26) 花火が打ち上がる（　　　）、近隣の犬たちが一斉に吠え始めた。
　　1　からには　　　2　といいつつ　　　3　が早いか　　　4　にもまして

(27) 最近の大学生は読書離れのせいか、難しい専門書を敬遠する（　　　）。
　　1　わけではない　2　きらいがある　　3　までもない　　4　ものである

(28) 今度妹をいじめたりしたら、たたかない（　　　）わよ。
　　1　ではおかない　2　わけだ　　　　　3　ことはない　　4　限りだ

(29) よほどつらいことがあったのだろう。娘は母親の声を聞く（　　　）、電話口で泣き出したという。
　　1　がてら　　　　2　なり　　　　　　3　ばかりで　　　4　かわりに

(30) 大学を首席で（　　　）がために、日々学業に励んでいる。
　　1　卒業しよう　　2　卒業した　　　　3　卒業せん　　　4　卒業する

(31) この頃ようやく寒さも和らぎ、春（　　　）きましたね。
　　1　がちになって　2　めいて　　　　　3　かけて　　　　4　こめて

(32) メニューからカレーライスを外すって、本当ですか。カレーライス（　　　）うちのレストランじゃないですか。
　　1　あっての　　　2　からある　　　　3　なりに　　　　4　をはじめ

(33) 昨晩の暴走族はひどかった。バイクのエンジンをふかして、騒音をまき散らすだけでなく、警察に追跡され、民家の庭に不法侵入する（　　　）。
　　1　かわりだ　　　2　しまつだ　　　　3　に限る　　　　4　がちである

(34) この自動車業界の不況時（　　　）、彼は常にトップセールスを続けている。
　　1　にしてみれば　2　いかんによらず　3　をおいて　　　4　にあって

(35) 巨大台風による停電のため、電車が止まってしまい、バスでの帰宅（　　　）。
　　1　を問わない　　2　を余儀なくされた　3　にかたくない　4　ついでだ

問題2 次の文の＿★＿に入る最もよいものを、1・2・3・4から一つ選びなさい。

(36) 横綱Cは、＿＿＿＿　＿＿＿＿　★＿＿＿　＿＿＿＿ことを発表した。
　　1　引退する　　　2　現役を　　　　　3　を限りに　　　4　今場所

(37) お腹が痛いなら、先にトイレに＿＿＿＿　＿＿＿＿　★＿＿＿　＿＿＿＿。歌舞伎公演が始まってから、席を立つなんて。
　　1　ものを　　　　2　行って　　　　　3　いい　　　　　4　おけば

(38) 彼の書は___★_ _____ _____ _____ある力強さが魅力だ。
　1　字の　　　　　　　　　　　　2　もさることながら
　3　美しさ　　　　　　　　　　　4　勢いの

(39) 浩二君は、_____ _____ ___★_ _____通っているらしい。
　1　演劇学校にも　　2　仕事を　　3　かたわら　　4　する

(40) 歌手Cが_____ _____ ___★_ _____の1階は人で溢れかえっている。
　1　とあって　　2　デパート　　3　サイン会に　　4　訪れる

(41) 今月は出費が多く、_____ ___★_ _____ _____無駄に使えない。
　1　ため　　2　1円　　3　金欠の　　4　たりとも

(42) キャプテン、やめるなんて言わないでください。キャプテン_____ ___★_ _____ _____ではありませんよ。
　1　過言　　2　あっての　　3　バレー部だと　　4　言っても

(43) 先月5日間も_____ _____ ___★_ _____とりたいとは言いづらい。
　1　手前　　2　有給休暇を　　3　今月も　　4　とった

(44) 弟は1,300グラム_____ ___★_ _____ _____しまった。
　1　食べ切って　　2　カレーライスを　　3　からある　　4　30分で

(45) まさか自分の子供が万引きを_____ _____ ___★_ _____思わなかった。
　1　にだに　　2　する　　3　なんて　　4　夢

(46) 口に出して繰り返し_____ _____ ___★_ _____会話力は身に付かない。
　1　ことなしに　　2　話す　　3　練習を　　4　する

(47) 僕はたとえ_____ _____ ___★_ _____言われたら、反論する。
　1　不条理な　　2　ことを　　3　であれ　　4　上司

(48) 桜並木で有名な_____ ___★_ _____ _____人でにぎわっている。
　1　大勢の　　2　公園は　　3　にもまして　　4　例年

(49) すみません、パソコンが_____ ___★_ _____ _____取れなかったんです。
　1　にも　　2　故障して　　3　連絡を取ろう　　4　しまって

(50) 豊子さんは_____ _____ ___★_ _____通っている。
　1　こなす　　　　　　　　　　　2　かたわら
　3　日本語教師養成講座に　　　　4　主婦業を

ユニット 7～9

「確認問題」正解・解説

正解
下の解答で答え合わせをし、176ページの□に点数を書きましょう。

問題1

(1) 2　(2) 1　(3) 4　(4) 3　(5) 4　(6) 1　(7) 2　(8) 3　(9) 1
(10) 2　(11) 3　(12) 3　(13) 1　(14) 3　(15) 2　(16) 2　(17) 1　(18) 3
(19) 3　(20) 2　(21) 4　(22) 3　(23) 1　(24) 4　(25) 1　(26) 3　(27) 2
(28) 1　(29) 2　(30) 3　(31) 2　(32) 1　(33) 2　(34) 4　(35) 2

問題2

(35) 2　横綱Cは、今場所 を限りに ★現役を 引退することを発表した。
(37) 3　お腹が痛いなら、先にトイレに行って おけば ★いい ものを。歌舞伎公演が始まってから、席を立つなんて。
(38) 1　彼の書は★字の 美しさ もさることながら 勢いのある力強さが魅力だ。

ここを確認しよう

問題1は下の●と一致する文法形式が正解。問題2は学習した文法形式が●を満たす文になるように組み立てましょう。間違えた問題は、「ポイントを整理しよう」に戻って、もう一度確認しましょう（7 8 9 ＝ユニット番号）。

(1) (44)	● Aが「100枚」「10杯」など大きい数量を表す名詞、Bがその内容を表す名詞 ● 「AもあるB」という内容。 ➡ 7 **AからあるB** (1) この重機は、1,000キロ（からある）機械を持ち上げて、移動させることができます。 　→ 1,000キロは大きい数量を表す名詞、機械はその内容を表す名詞で、「1,000キロもある機械」という意味なので、「からある」を選ぶ。

(2) (47)	● Aがナ形容詞「～な」か名詞　● 「（たとえ）Aでも、B」という内容。 ➡ 7 **Aであれ、B** (2) たとえ小さなミス（であれ）、後々大きな問題に発展しないように、上司に報告すべきだ。 　→ （　）の前の「ミス」は名詞で、「たとえ小さなミスでも」という意味なので、「であれ」を選ぶ。

| 力試しテスト | → | ポイントを整理しよう | → | 使えるようになろう | → | 確認問題 |

(39) 3　浩二君は、仕事を する ★かたわら 演劇学校にも通っているらしい。
(40) 1　歌手Cがサイン会に 訪れる ★とあって デパートの1階は人で溢れかえっている。
(41) 1　今月は出費が多く、金欠の ★ため 1円 たりとも無駄に使えない。
(42) 3　キャプテン、やめるなんて言わないでください。キャプテンあっての ★バレー部だと言っても 過言ではありませんよ。
(43) 1　先月5日間も有給休暇を とった ★手前 今月もとりたいとは言いづらい。
(44) 2　弟は1,300グラムからある ★カレーライスを 30分で 食べ切ってしまった。
(45) 4　まさか自分の子供が万引きをする なんて ★夢 にだに思わなかった。
(46) 4　口に出して繰り返し話す 練習を ★する ことなしに会話力は身に付かない。
(47) 1　僕はたとえ上司 であれ ★不条理な ことを言われたら、反論する。
(48) 4　桜並木で有名な公園は ★例年 にもまして 大勢の人でにぎわっている。
(49) 4　すみません、パソコンが故障して ★しまって 連絡を取ろう にも取れなかったんです。
(50) 2　豊子さんは主婦業を こなす ★かたわら 日本語教師養成講座に通っている。

In 問題1, the grammatical forms that match the descriptions marked with ● for each question are correct. In 問題2, construct the grammatical forms so that they satisfy the conditions marked with ● for each question. Go back to「ポイントを整理しよう」for any questions that you got wrong and check them over once more. (7 8 9 = Unit No.).
問題1（问题1）：和下列涂黑圈的句型一致的语法是正确答案。问题2（问题2）：运用所学过的语法排列组成满足涂黑圈句型的句子。做错了的问题请返回到「ポイントを整理しよう」，再次确认。(7 8 9 表示各单元号码)。
문제1 (문제1) 은 아래의 ●와 일치하는 문법형식이 정답. 문제2 (문제2) 는 학습한 문법형식이●를 충족하는 문장이 되도록 만듭시다. 틀린 문제는「포인트를 整理しよう」로 돌아가 다시 한번 확인 합시다. (7 8 9 =단원 번호).

→ As 1,000 キロ is a noun that expresses a large number, 機械 is the noun that it refers to and it means a machine that weighs some 1000kg (large quantity),「からある」is correct.	→「1,000 キロ」是表示较大数量的名词。「機械」是表示其内容的名词，意思是"有1000公斤重的机械"，因此选择「からある」。	→「1,000 キロ」는 큰 수량을 나타내는 명사,「機械」는 그 내용을 나타내는 명사로, <1,000 킬로나 되는 기계> 라는 의미가 되기 때문에「からある」를 선택한다.
→ As「ミス」before (　) is a noun and it means even if it was just a small mistake,「であれ」is correct.	→ (　) 前的「ミス」是名词，意思是"即使是很小的失误"，因此选择「であれ」。	→ (　) 앞의「ミス」는 명사로, <비록 작은 실수라도> 라는 의미이기 때문에「であれ」를 선택한다.

ユニット 7~9

(3)(29)	● 主にAが動詞の「辞書形」 ●「Aすると、すぐBする」という内容。普段はしないような行動をした場合に使われる。 ➡ 8 **Aなり、B** (3) うちの犬、テルは、餌の入った袋を見る（<u>なり</u>）、すごい勢いで駆け寄ってきた。 　→（　）の前の「見る」は動詞の「辞書形」で、「餌の入った袋を見ると、すぐにすごい勢いで駆け寄ってきた」という意味で、普段とは違う素早い反応について述べられているので、「なり」を選ぶ。
(4)(30)	● Aが動詞の「ない形（「する」は「せ」）」　●「絶対にAするために、B」という内容。 ➡ 9 **Aんがために、B** (4) その消防士は、火事に巻き込まれた人を救出せん（<u>がために</u>）、火の中へと入って行った。 　→「救出せん」という形で、「絶対に人を救出するために、火の中へ入って行った」という強い意志を表しているので、「がために」を選ぶ。
(5)(46)	● Aが動詞の「辞書形」　●「Aしないで、B」という内容。 ➡ 8 **Aことなしに、B** (5) 家族や友人の支えを受ける（<u>ことなしに</u>）、今の成功はなかったと心から感謝しています。 　→（　）の前の「受ける」は動詞の「辞書形」で、「支えを受けないで、今の成功はない」という意味なので、「ことなしに」を選ぶ。
(6)(45)	● Aが「考える」「聞く」「想像する」など、動詞の「辞書形」で、Bが「恐ろしい」「つらい」などのイ形容詞 ●「夢(に)だに思わない」の表現で覚えておく。 ➡ 8 **Aだに、B** (6) もし1本電車を遅らせなかったら、事故に遭っていた。考える（<u>だに</u>）恐ろしい。 　→（　）の前の「考える」は動詞の「辞書形」で、（　）の後が「恐ろしい」なので、「だに」を選ぶ。
(7)(40)	●「Aためか、B」「Aので、B」という内容。 ➡ 7 **Aとあって、B** (7) ピアノ発表会は二度目の参加（<u>とあって</u>）、娘は初回よりも落ち着いていたように思う。 　→「二度目の参加のためか、落ち着いていた」という意味なので、「とあって」を選ぶ。

→ As 「見る」 before ( ) is the dictionary form of the verb and it means that the dog came running at full tilt as soon as he saw the bag with food in it, this sentence is talking about a speedy response which is different to normal so 「なり」 is correct.	→ ( ) 前的「見る」是动词的"辞书形","一见到装着吃的袋子,马上就飞快地跑过去",叙述的是与平时有所不同的,特别迅速的反应,因此选择「なり」。	→ ( ) 앞의 「見る」는 동사의 「사전형」이고, <먹이가 들어 있는 봉지를 보면, 바로 굉장한 기세로 다가 왔다> 라는 의미로, 보통 때와는 다른 재빠른 반응에 대해서 말하고 있기 때문에 「なり」를 선택한다.
→ As the form is 「救出せん」 and the sentence expresses the strong volition of walking into the fire in order to definitely save people, 「がために」 is correct.	→用「救出せん」, 表示"为了一定要把人救出来, 才跑进火海"这种强烈的意志, 因此选择「がために」。	→ 「救出せん」이라는 형태로 <반드시 사람을 구출하기 위해서, 불안으로 들어 갔다> 라는 강한 의지을 표현하고 있기 때문에 「がために」를 선택한다.
→ As 「受ける」 before ( ) is the dictionary form of the verb and it means without the support of your friends and family, you would have not have the success you have now, 「ことなしに」 is correct.	→ ( ) 前的「受ける」是动词的辞书形, 意思是"如果得不到支持, 就没有现在的成功", 因此选择「ことなしに」。	→ ( ) 앞의 「受ける」는 동사의 사전형으로, <도움없이 지금의 성공은 없다> 라는 의미가 되기 때문에 「ことなしに」를 선택한다.
→ As 「考える」 before ( ) is the dictionary form of the verb and 「恐ろしい」 is after ( ), 「だに」 is correct.	→ ( ) 前的「考える」是动词的"辞书形", ( ) 的后面是「恐ろしい」, 因此选择「だに」。	→ ( ) 앞의 「考える」는 동사의 「사전형」이고, ( ) 뒤는 「恐ろしい」이기 때문에 「だに」를 선택한다.
→ As it means because of the fact it was her second time, she was calm (as expected), 「とあって」 is correct.	→意思是"因为是第二次参加,所以很沉着",因此选择「とあって」。	→ <두 번째 참가해서인지 안정돼 있었다> 라는 의미이기 때문에 「とあって」를 선택한다.

ユニット 7〜9

(8)(41)	● Aが「1秒」「1枚」など「1＋助数詞」、Bが否定 ● 「AもBない」という内容。 ➡ 8 Aたりとも、B (8) 少しは息抜きをしたらと言われるが、受験生の僕は1分（たりとも）、無駄にしたくない。 →（　）の前が「1分」と「1＋助数詞」、（　）の後が「したくない」と否定で、「1分も無駄にしたくない」という意味なので、「たりとも」を選ぶ。
(9)(26)	● Aが動詞の「辞書形」　● 「Aすると、直後にBする」という内容。 ➡ 9 Aが早いか、B (9) 太っていた頃は、起きる（が早いか）、冷蔵庫の中の食べ物を探したものだ。 →（　）の前の「起きる」は動詞の「辞書形」で、「起きると、直後に食べ物を探した」という意味なので、「が早いか」を選ぶ。
(10)(43)	● Aが動詞の「普通形」 ● 「Aのだから、Bできない（しなければならない）」という内容。 ➡ 8 A手前、B (10) 妻に無駄遣いするなと言った（手前）、自分だけ帰りに一杯というわけにはいかない。 →（　）の前の「言った」は動詞の「普通形」で、「無駄遣いするなといったのだから、自分だけ帰りにお酒を飲むことはできない」という意味なので、「手前」を選ぶ。
(11)(25)	● Aが「汗」「血」「ほこり」「泥」など決まった名詞 ● 「Aがいっぱい体についている」という内容。 ➡ 9 Aまみれ (11) 田んぼで遊んできた子供たちは、泥（まみれ）になって、帰ってきた。 →（　）の前が「泥」で、「田んぼで遊んだので、泥が体にいっぱいついた」という意味なので、「まみれ」を選ぶ。
(12)(27)	● 主にAが動詞の「辞書形」「ない形」　● 「Aという（悪い）傾向がある」という内容。 ➡ 8 Aきらいがある (12) あの電気店は商品を勧める時は熱心だが、修理などはいい加減になる（きらいがある）。 →（　）の前の「いい加減になる」は動詞の「辞書形」で、「商品を勧める時は熱心だが、修理などはいい加減になるという悪い傾向がある」という意味なので、「きらいがある」を選ぶ。

→ As the「1 + counter suffix」「1分」comes before ( ) and the negation「したくない」comes after ( ) and it means that you don't want to waste even one minute,「たりとも」is correct.	→ ( )前是「1分」和「1＋量词」的结构, ( )的后面是否定形式「したくない」, 意思是"连1分钟也不想浪费", 因此选择「たりとも」。	→ ( ) 의 앞은「1分」과「1 + 조수사」, ( ) 의 뒤는「したくない」로, 부정이고, <1분도 낭비하고 싶지 않다> 라는 의미이기 때문에「たりとも」를 사용한다.
→ As「起きる」before ( ) is the dictionary form of the verb and it means that you went looking for something to eat directly after you got up,「が早いか」is correct.	→ ( )前的「起きる」是动词的"辞书形", 意思是"一起床, 马上就去找东西吃", 因此选择「が早いか」。	→ ( ) 앞의「起きる」는 동사의「사전형」으로, <일어나면 직후에 먹는 것을 찾았다> 라는 의미가 되기 때문에「が早いか」를 선택한다.
→ As「言った」before ( ) is the plain form of the verb and it means that because you told your wife not to waste money, you can't spend money and have a drink on the way home,「手前」is correct.	→ ( )前的「言った」是动词的"普通形", 意思是"因为说过不要乱花钱, 所以不能单是自己在回家的路上去喝酒", 因此选择「手前」。	→ ( ) 앞의「言った」는 동사의「보통형」으로, <낭비를 하지 말라고 말 했기 때문에 나만 집에 가는 길에 술을 마실 수는 없다> 라는 의미가 되므로, 「手前」를 선택한다.
→ As「泥」comes before ( ) and it means that the children were covered with mud from playing in the rice fields,「まみれ」is correct.	→ ( ) 前是「泥」, 意思是"因为在稻田地里玩儿, 所以沾了满身的泥", 因此选择「まみれ」。	→ ( ) 앞은「泥」이고, <논에서 놀았기 때문에 진흙이 몸에 많이 묻었다> 라는 의미가 되므로「まみれ」를 선택한다.
→ As「いい加減になる」before ( ) is the dictionary form of the verb and it means that the electrical store is eager to recommend products but that it has a bad tendency to be careless about repairs,「きらいがある」is correct.	→ ( ) 前的「いい加減になる」是动词的"辞书形", 意思是"推荐商品的时候很热情, 可是修理的时候就变得有点儿敷衍了事", 因此选择「きらいがある」。	→ ( ) 앞의「いい加減になる」는 동사의「사전형」으로, <상품을 권할 때는 열심이지만, 수리 등은 적당히 하는 나쁜 경향이 있다> 라는 의미가 되기 때문에「きらいがある」를 선택한다.

ユニット 7~9

(13)(35)	● Aが名詞　　●「意に反して、Aしなければならなくなった」という内容。 ➡ 7 **Aを余儀なくされる** (13) 難聴の症状が悪化し、客との応対ができなくなったため、退職（<u>を余儀なくされた</u>）。 　　→（　　）の前の「退職」は名詞で、「客との応対ができなくなったため、意に反して、退職しなければならなくなった」という意味なので、「を余儀なくされた」を選ぶ。
(14)(33)	● Aが動詞の「辞書形」か「ている」 ●「最終的にAというもっと悪い結果になった」という内容。 ➡ 8 **Aしまつだ** (14) 新しく購入した携帯、充電がすぐなくなるし、ネットに接続できないし、昨日なんて、通話中に5回も切れる（<u>しまつ</u>）で……。 　　→（　　）の前の「切れる」は動詞の「辞書形」で、「悪いことが続いて、最終的に通話中に5回も切れるというもっと悪い結果になった」という意味なので、「しまつ」を選ぶ。
(15)(49)	● Aが動詞の「意志形」、Bが「可能形」の否定　　●「Aたくても、Bない」という内容。 ➡ 7 **AにもBない** (15) 電話番号の文字が不鮮明で、連絡をしよう（<u>にも</u>）連絡<u>できない</u>。 　　→（　　）の前の「しよう」は動詞の「意志形」、（　　）の後の「できない」は「可能形」の否定で、「連絡をしたくても、できない」という意味なので、「にも」を選ぶ。
(16)	➡ 7 **Aずくめだ**　　「ポイントを整理しよう」で確認しましょう。
(17)	➡ 8 **Aにたえない**　　「ポイントを整理しよう」で確認しましょう。
(18)(34)	● Aが時などを表す名詞　　●「Aという状況（時／時代／環境）に、B」という内容。 ➡ 9 **Aにあって、B** (18)（　　）の前の戦時下（<u>にあって</u>）、これだけの画材をそろえて絵を描いていたなんて、すごいですね。 　　→「戦時下」は時を表す名詞で、「戦時下という状況にこれだけの画材をそろえて絵を描いていた」という意味なので、「にあって」を選ぶ。
(19)	➡ 7 **Aにかたくない**　　「ポイントを整理しよう」で確認しましょう。
(20)	➡ 7 **Aに即して、B**　　「ポイントを整理しよう」で確認しましょう。
(21)	➡ 9 **AといいBといいC**　　「ポイントを整理しよう」で確認しましょう。
(22)	➡ 9 **Aばそれまでだ**　　「ポイントを整理しよう」で確認しましょう。

→ As「退職」before ( ) is a noun and it means as you were no longer able to deal with clients, you were forced to retire from your job against your will,「を余儀なくされた」is correct.	→ ( ) 前的「退職」是名词,意思是"因为不能接待顾客了,虽然违背意愿,还是不得不退职了",因此选择「を余儀なくされた」。	→ ( ) 앞의「退職」는 명사로, <고객대응을 할 수 없게 되었기 때문에 의사와 다르게 퇴직하지 않으면 안 되게 되었다> 라는 의미가 되기 때문에「を余儀なくされた」를 선택한다.
→ As「切れる」before ( ) is the dictionary form of the verb and it means that there was a string of bad things and you ended up with the even worse result of your phone cutting out 5 times,「しまつ」is correct.	→ ( ) 前的「切れる」是动词的"辞书形",意思是"不好的事情接连不断,最后竟然发生了通话时断了5次线这样不好的结果",因此选择「しまつ」。	→ ( ) 앞의「切れる」는 동사의「사전형」으로, <나쁜 일이 계속되어서 최종적으로 통화중에 5번이나 끊어지는 더 나쁜 결과가 되었다> 라는 의미가 되기 때문에「しまつ」를 선택한다.
→ As「しよう」before ( ) is the volitional form of the verb and the negation of the potential form「できない」comes after ( ) and it means that you can't call even though you want to,「にも」is correct.	→ ( ) 前的「しよう」是动词的"意志形",( ) 后的「できない」是"可能形"的否定形式,表示的内容是"即使想联系也无能为力",因此选择「にも」。	→ ( ) 앞의「しよう」는 동사의「의지형」, ( ) 뒤의「できない」는「가능형」의 부정으로, <연락을 하고 싶어도 할 수 없다> 라는 내용이기 때문에「にも」를 선택한다.
→ As「戦時下」before ( ) is a noun that expresses time and it means that you managed to gather together all these materials and that you drew pictures in a wartime situation,「にあって」is correct.	→ ( ) 前的「戦時下」是表示时间的名词,意思是"在战时这种状况下竟然备齐了这么些绘画工具画画儿",因此选择「にあって」。	→ ( ) 앞의「戦時下」는 때를 나타내는 명사로, <전쟁중이라는 상황에서 이 만큼이나 그림을 그릴 수 있는 재료를 갖추어서 그림을 그렸었다> 라는 의미가 되기 때문에 때문에「にあって」를 선택한다.

ユニット 7~9

(23) (37)	● 人の行動や態度を非難し、「AはBのに」という内容。 ➡ ⑨ AばBものを (23) 締め切り間際でばたばたするぐらいなら、もっと早く作業を始めればいい（<u>ものを</u>）。 　→「もっと早くから作業を始めればいいのに」という非難の意味なので、「ものを」を選ぶ。
(24) (48)	● Aが名詞や疑問詞　●「AよりももっとB」という内容。 ➡ ⑨ Aにもまして、B (24) 次の野球大会は我が社が主催していることから、いつ（<u>にもまして</u>）、勝利にこだわっている。 　→（　）の前の「いつ」は疑問詞で、「いつもよりももっと勝利にこだわっている」という意味なので、「にもまして」を選ぶ。
(28)	➡ ⑧ Aではおかない　「ポイントを整理しよう」で確認しましょう。
(31)	➡ ⑨ Aめく　「ポイントを整理しよう」で確認しましょう。
(32) (42)	● AもBも名詞　●「Aがなければ成立（存在）しないB」という内容。 ➡ ⑧ AあってのB (32) メニューからカレーライスを外すって、本当ですか。カレーライス（<u>あっての</u>）うちのレストランじゃないですか。 　→「カレーライス」も「うちのレストラン」も名詞で、「カレーライスがなければ存在しないうちのレストラン」という意味なので、「あっての」を選ぶ。
(36)	➡ ⑦ Aを限りに、B　「ポイントを整理しよう」で確認しましょう。
(38)	➡ ⑨ Aもさることながら、B　「ポイントを整理しよう」で確認しましょう。
(39) (50)	● Aが動詞の「辞書形」か名詞「＋の」 ●「Aすると同時にBする」という内容。AもBも職業や立場、身分を表す内容。 ➡ ⑦ Aかたわら、B (39) 浩二君は、<u>仕事を する</u> かたわら <u>演劇学校にも通っている</u>らしい。 　→「する」は動詞の「辞書形」で、「仕事をすると同時に演劇学校にも通っている」という意味。

→ As 'you should have started work on it earlier' has the meaning of a criticism, 「ものを」is correct.	→意思是"如果更早一点儿开始着手就好了",有指责的意思,因此选择「ものを」。	→ < 더 빨리 작업을 시작했으면 좋았을 텐데 > 라는 비난의 의미이기 때문에「ものを」를 선택한다.
→ As「いつ」before ( ) is an interrogative and it means that you want to win even more than you did before,「にもまして」is correct.	→ ( ) 前的「いつ」是疑问词,意思是"跟以往相比对胜利更加执着",因此选择「にもまして」。	→ ( ) 앞의「いつ」는 의문사이며, < 보통 때보다도 더 승리에 집착하고 있다 > 라는 의미가 되기 때문에「にもまして」를 선택한다.
→ As both「カレーライス」and「うちのレストラン」are nouns and it means that the restaurant wouldn't exist (in its present form) if there was no curry rice on the menu,「あっての」is correct.	→「カレーライス」和「うちのレストラン」都是名词,意思是"如果没有咖喱饭的话,那我们的餐厅就不存在了",因此选择「あっての」。	→「カレーライス」도「うちのレストラン」도 명사로, < 카레라이스가 없으면 존재하지 않는 우리 레스토랑 > 이라는 의미가 되기 때문에「あっての」를 선택한다.
→「する」is the dictionary form of the verb and it means that he is attending a drama school as well as working.	→「する」是动词的"辞书形",意思是"在工作的同时还去戏剧学校学习"。	→「する」는 동사의「사전형」으로, < 일을 하는 한편 연극 학교에 다니고 있다 > 라는 의미.

文法索引 (50音順)

【あ行】

あっての……………………………150
いかんいよらず……………………106

【か行】

が〜とあいまって…………………36
が最後………………………………20
かたわら……………………………138
がてら………………………………36
かと思いきや………………………80
が早いか……………………………164
からある……………………………136
からというもの……………………78
から見ても…………………………94
きらいがある………………………152
極まりない…………………………108
極まる………………………………108
ことから……………………………34
ごとく………………………………80
こととて……………………………20
ことなしに…………………………150

【さ行】

さえ…………………………………80
次第…………………………………22
次第だ………………………………106
しまつだ……………………………150
じゃあるまいし……………………94
ずくめだ……………………………138

すら…………………………………22

【た行】

ただ〜のみならず…………………48
だに…………………………………150
たりとも……………………………150
たる者………………………………94
つつある……………………………92
であれ………………………………138
ではおかない………………………152
手前…………………………………152
とあって……………………………136
といい〜といい……………………166
といえども…………………………36
といったところだ…………………34
といったらない……………………80
と言わんばかりに…………………50
どころか……………………………78
ところで……………………………20
ところを……………………………108
とはいえ……………………………106
とばかりに…………………………50
ともなると…………………………34

【な行】

ながら………………………………36
ながらに……………………………50
ながらの……………………………50
ながらも……………………………36

なくして	22	べく	108
ならではの	22	【ま行】	
なり	152	まじき	94
なりに	78	までも	94
にあって	166	までもない	50
に至っては	50	まみれ	164
にかかわる	108	めく	166
にかたくない	136	も〜ば、〜も	92
にかわって	20	もさることながら	166
にしろ	20	ものだから	50
にすれば	92	ものでもない	48
に即して	138	【や行】	
にたえない	152	ゆえに	22
に足る	36	【わ行】	
にも〜ない	138	を限りに	136
にもまして	164	を禁じえない	50
の至り	92	を問わず	48
の極み	92	をはじめ	34
のではあるまいか	78	をふまえて	80
【は行】		をもって	108
ば〜ものを	166	を余儀なくさせる	136
はおろか、〜も	34	をよそに	94
ばかりに	80	【ん】	
ばそれまでだ	164	んがために	166
はもとより	48		
ひとり〜のみならず	106		
弊	108		

【著者紹介】

坂本 勝信 (さかもと まさのぶ) 常葉大学　教授

日本語能力試験レベルアップトレーニング文法N１

発行日　2012年6月20日　（初版）
　　　　2023年1月20日　（第4刷）

著者　　坂本勝信
編集　　株式会社アルク出版編集部・有限会社ギルド
翻訳　　株式会社ヒトメディア
　英語　　Jennie Knowles、矢野口礼子
　中国語　儲暁菲、松山峰子
　韓国語　洪延周、李柱憲

デザイン・DTP　有限会社ギルド
印刷・製本　　萩原印刷株式会社

発行者　天野智之
発行所　株式会社アルク
　　　　〒102-0073　東京都千代田区九段北 4-2-6 市ヶ谷ビル
　　　　Website：https://www.alc.co.jp/

落丁本、乱丁本は弊社にてお取り替えいたしております。
Webお問い合わせフォームにてご連絡ください。
https://www.alc.co.jp/inquiry/
本書の全部または一部の無断転載を禁じます。著作権法上で認められた場合を除いて、本書からのコピーを禁じます。定価はカバーに表示してあります。

製品サポート：https://www.alc.co.jp/usersupport/

©2012　Masanobu Sakamoto /ALC Press Inc.
Printed in Japan.
PC：7012061
ISBN：978-4-7574-2209-4

地球人ネットワークを創る
アルクのシンボル
「地球人マーク」です。